드러내지않기

LA DISCRÉTION
ou l'art de disparaître
by Pierre Zaoui

© Editions Autrement, Paris, 2013
Korean Translation Copyright © Hugo, 2017
All rights reserved.
Korean translation edition is published by arrangement with Editions Autrement
through Sibylle Books Literary Agency, Seoul.

드러내지 않기

혹은
사라짐의 기술

피에르 자위 지음 │ **이세진** 옮김

La Discrétion
ou l'art de disparaître

위고

숨은 대가들,
리즈 와주망과 사샤 질베르파르브에게

일러두기

- 각주는 옮긴이 주, 미주는 저자 주이다.
- 프랑스어가 아닌 외국어를 원어로 하는 인용문들은 원전의 한국어 번역을 참조하여 수정했다.

세상에 초대받았을 때 그저 별 생각 없이 순진무구하게 문지
방을 넘고 계단을 올라왔음이 분명하다. 상념에 푹 빠진 나머
지 자신이 그런다는 것도 거의 깨닫지 못한 채. 그저 자기 자
신과 세상에 대해서 그래야만 한다는 듯이 행동할 뿐이다.

_ 카프카, 『카프카의 일기』, 1911년 2월 19일

언제고 아이들 방문을 살그머니 열어보라. 아이들이 방
한쪽에서 조용하고 진지하게 노는 모습을 지켜보라. 거
기에는 어른들의 격려나 평가가 끼어들 여지가 없다. 아
이들은 자유로워 보이기도 하고 자기들끼리만 뚝 떨어
져 있는 듯하기도 하다. 아이가 없다면 곤히 잠든 애인에

게서도 비슷한 모습을 발견할 수 있다. 두 모습 모두에서 우리는 완전한 즐거움을 본다. 그들은 당신의 존재를 알아차리지 못한 채 누군가 자기를 보고 있다는 지각 없이 순전히 놀이에 또는 잠에 빠져서 스스로 즐거움을 얻고 있다. 그러다 문득 당신이 있는 것을 알아차리면, 그것으로 끝이다. 눈 깜짝할 사이에 허영심 가득한 자아가 얼굴을 드러내고 인정을 갈구하며 관심을 끌려는 일상의 서커스로 되돌아올 테니까. 하지만 그렇게 되기 전까지는 특별한 그 무엇이 있다. 다시 오지 않을 사랑스러움의 순간, 강렬하지는 않지만 비할 데 없이 평온한 순간. 그런 순간에 우리는 맨 먼저 무엇을 느낄까?

'드러내지 않기discrétion'*에서 느낄 수 있는 기쁨은 찰나에 누릴 수 있는 기쁨이기 때문에 우리 자신도 그 기쁨이 언제까지나 지속되기를 바라지 않는다. 바로 여기에

---

* '신중함'이나 '분별력'이라는 역어가 경우에 따라서는 문맥을 매끄럽게 이해하는 데 도움이 되기는 하나 저자가 말하는 'discrétion'은 '염치'나 '조심성' 같은 도덕적 품성과 구별되기 때문에 대부분의 경우 '드러내지 않기'라는 역어를 택했음을 알려둔다.

드러내지 않기가 가능하기 위해 필요한 조건 하나가 있다. 여기 내 앞에 있는 누군가의 존재를 조용히 음미하려면, 말 그대로 나 자신을 드러내지 않은 채 어떤 행동도 취하지 않고 멀찍이 떨어져 그들의 등장을 즐기려면, 사실 나는 일정 시간 동안, 아니 더 정확하게 말하자면 시간의 흐름 속에서 유예되어야 한다. 그 유예는 '이전'에서 '이후'로 나아가는 시간의 질서 속에서의 멈춤, 그 질서에서 떨어져 나온 순간이어야 한다. 또한 그 유예는 일정 시간 이상 연장되지 않는다는 조건에서만 가치가 있다. 지나쳐서는 안 된다. 아이들이 자기들끼리 조용히 노는 모습을 한없이 구경하는 것이, 바라보는 나나 아이들이나 언제까지고 원하는 일은 아니니까. 그리고 드러내지 않고 누군가를 바라보는 이 잠시 잠깐의 즐거움이 도착적인 행위로 변질되기를 바라는 게 아니라면, 자신이 너무 오랫동안 '사라져 있는 것'을 참아내기란 어려운 일이다.

드러내지 않기라는 경험의 첫 번째 특수성이 여기에 있다. 드러내지 않기는 대수롭지 않지만 그 자체로 충분히 만족스러운 시간을 보내는 경험이다. 사실 일반적으로 어떤 경험에 주어지는 시간이 결코 적당한 법은 없다. 시간이 좀 더 지속되기를 바라든가, 아니면 빨리 지나가 버리기를 바라든가 둘 중 하나이기 때문이다. 그러나 드러내지 않기의 시간은 거의 언제나 완벽하다. 찰나의 시간에 느끼는 찰나의 기쁨.

조금 더 멀리 가보자. 다른 문을 열어보라. 거실이 눈에 들어온다. 저녁 식사를 함께하려고 친구들을 초대했다. 당신이 주방에 뭘 좀 찾으러 갔다 왔더니 친구들끼리 한바탕 뜨거운 토론에 몰두하고 있다. 아무도 당신에게 눈길을 주지 않는 가운데 당신은 슬그머니 자리로 돌아온다. 문득 마음이 가벼워진다. 이제 당신은 견고한 환대의 법칙에서 해방된 것이다. 이 법칙의 가장 고상한 태도가 낯선 이를 맞아들여 대접하는 것이라면 가장 보잘것없는 태도는 아무 일 없이 다 잘 지나가게끔 신경을 바짝 쓰는 정도일 것이다. 물론 손님들을 대접할 줄 안다, 좌중을 즐겁게 하는 재치가 있다, 라고 과시하는 더없이 자기애적인 태도도 있을 수 있다.

어쨌든 당신이 이 법칙에서 해방되었다고 해서 갑자기

교양 없는 사람이나 인간 혐오자가 된 것은 아니다. 오히려 그 반대다. 환대의 의무에서 풀려나니 이제야 겨우 손님들을 여유 있게 바라볼 수 있다. 그들이 잘생기고, 재미있고, 깊이 있고, 독특하다는 생각도 비로소 든다. 누군가에게 빚을 졌다가 다 갚아버리고 나면 비로소 상대가 꽤 괜찮고 사려 깊은 사람으로 느껴지듯이. 이는 놀랍도록 반 직관적인 경험이다. 직관적으로 생각하기에는 겉치레를 싫어하기 때문에 눈에 띄고 싶어 하지 않을 것 같고, 세상을 멸시하기 때문에 세상에서 물러나 있고 싶을 것 같다. 하지만 여기선 모든 것이 뒤집혔다. 세상과 눈에 보이는 모습을 깊이 사랑하기 때문에 오히려 잠시나마 그렇게 하지 않는 데서 희열을 맛보는 것이다. 이건 아마도 관점의 문제일 것이다. 자기 자신은 물론 타인의 욕구에 밀착해서 살아가는 한, 타인의 시선과 기대를 끊임없이 예측하면서 사는 한, 세상은 보이지도 들리지도 않는다. 반면 더 이상 자기도 없고 타자도 없는 순간, 그때부터 시야가 넓어지고 수많은 소실선이 무한으로 뻗어나가듯이 세상은 고정된 사고에서 벗어나 감미롭도록 다양하게, 아득하게 나타난다.

이게 무슨 일일까? 있는 듯 없는 듯 남들 눈에 띄지 않는 투명한 입장이 당신을 새로운 경험으로 이끈다. 전능함에 대한 환상, 내가 없으면 안 된다는 환상, 만인과 각자를 책임진다는 환상을 내려놓게 되는 것이다.[1] 느닷없이 있는 듯 없는 듯 처신하는 것은 자기 힘을 행사하려는 의지를 잠시 단념하는 것이다. 자기 힘을 행사하려는 의지, 즉 힘의 의지는 그 자체가 나쁘기 때문이 아니라 그 의지의 어둡고 압제적인 면이 너무나도 강하기 때문에, 때로는 그 의지의 빛나는 면조차도 자신을 부단히 이겨내고 쉴 새 없이 노력을 기울여야 끌어낼 수 있기 때문에 묵직한 짐으로 다가온다. 그래서 잠시나마 그런 요구를 타인에게 맡길 수 있으면 참으로 위안이 되고 기쁜 것이다. 그들이 제 모습을 드러내게 하면서, 그들에게 그림자를 드리우지 않고, 그들의 태양을 가리지 않으면서 나는 기쁨을 얻는다. 좀 더 정확하게 말하자면, 있는 듯 없는 듯 드러내지 않음으로써 우리는 힘의 의지가 없는 세계를 경험하는 게 아니라—그런 바람은 완벽한 환상, 다소 무의미한 꿈이다—몰인격화를 경험한다. 이제 문제가 되는 것은 나의 혹은 다른 누군가의 힘의 의지가 아니라 존재들 사이를 돌아다니며 그들을 이어주고 매 순간 그 존재들이 어떤 몸짓, 말, 행동―우리가 기억하기도 하고 잊기도 하는, 때로는 잊는 편이 더 나은―을 만들어내게 하는 보편적 힘의 의지이다.

이런 의미에서 드러내지 않기는 결코 감탄 혹은 매혹의 경험이 아니다. 자신의 의지를 타인의 의지로 전이시킨다기보다는 인격적 존재에게 자연스럽게 할당되는 의지를 잠시 유예하는 것이기 때문이다. 스탕달의 표현을 빌려서 말하자면 "불의 영혼들" 혹은 "안식 없는 영혼들"이 아니라, 이제 전前인격적이고 전前개인적인 실체들이 중요하다. 몸짓, 미소, 이야기되지 않은 관계, 말의 이면에서 오가는 침묵이 중요하다. 바꾸어 말하자면, 그런 때에 우리는 비로소 우리와 타인 사이에서 일상적으로 일어나는 투사projection와 내사introjection*의 영원한 유희에

---

* '투사'는 받아들일 수 없는 충동이나 생각을 외부 세계로 옮겨놓는 심리적 현상으로서 자신의 흥미와 욕망이 다른 사람에게 속한 것처럼 지각되는 현상을 말한다. 반면 '내사'는 투사와 정반대의 개념으로 외부의 대상을 자기 내면의 자아 체계로 받아들이는 것을 말한다.

서 벗어난다. 우리는 흔히 '그를 사랑해'라든가 '그가 미워'라고 생각하지만 궁극적으로 그 둘은 게걸스럽게 삼켜버리거나 산산이 무너져 와해되고자 하는 의도의 동일한 기도企圖일 뿐이다. 나는 내가 그와 같든가 그가 나와 같기 때문에 그를 사랑할 것이다. 하지만 반대로 드러내지 않기라는 경험에서 우리는 아직 내가 아니지만 이미 타자도 아닌 것, 아련한 것 같으면서도 아주 분명한 그 무엇을 불현듯 사랑하게 된다. 소용돌이를 그리는 담배 연기 혹은 회의에 찬 샐쭉한 얼굴에 문득 애정을 느낀다. 그 연기, 그 얼굴은 아직 누구의 것도 아니다. 드러내지 않기라는 이 특이한 경험의 두 번째 특징이 아마 여기에 있을 것이다. 존재와 사물에서 그것들이 만들어낸 관계로 은밀하게 미끄러져가는 존재론적인 이동, 이런 이동이 이루어지는 시간 속에서 드러나는 소박하지만 결정적인 특징. 어떤 면에서 눈에 보이는 모습에 대한 새로운 사랑이라고 할까. 그렇다고 눈에 보이는 모습 아래 아무것도 없는 것은 아니지만.

한 발짝 더 나아가보자. 마지막으로 현관문을 열어보

라. 문을 열고 나가 대도시의 군중 틈으로 들어가보라. 이제 당신은 갑자기 이런 사람도 저런 사람도 아니다. 익히 주지되었던 당신의 자질들은 사라진다. 당신은 구별되지 않는 다수에게 당신의 개인성, 독자성, 특수성을 맡긴 것이다. 보들레르는 현대 대도시 한복판을 익명의 존재로서 거니는 기쁨을 멋지게 기술해주었다. 그는 포의 단편소설 「군중 속의 사람 *The Man of the Crowd*」의 의미를 살짝 비틀어서 오직 "군중 속의 예술가"만이 알아볼 수 있는 다수의 아름다움―얼굴 없는 특징들, 독특한 자세들의 총체이면서도 그것들을 떠받치는 개인성은 부재하는 아름다움―에 대한 찬가를 만들어냈다.[2]

오늘날 개인주의는 욕 아닌 욕으로 통하지만 현재 통용되는 그런 의미와는 정반대의 의미, 너무나 간과되고 있는 개인주의의 의미가 여기에 있다. 자유로운 개인으로 인정받고 싶어 하는 욕망은 알아봐주지 않기를 바라는 욕망, 다수 속으로 사라지고 싶은 욕망과 짝을 이룬다. 달리 말해서 이 시대의 현대성은 자신을 드러내며 인정받고자 하는 광적인 투쟁뿐 아니라, 익명 속에서 자신을 감추고자 하는 은밀한 투쟁, 좀 더 차분하지만 실로 완강한 투쟁으로도 특징지어진다. 미디어의 민주화 덕분에 누구나 '15분은 유명인'이 될 수 있을 거라는 워홀의 꿈에는 현대 사회의 대중화와 익명화에 힘입어 누구나 '15분은 세상에 없는 사람'처럼 살 수 있을 거라는 익명성의 꿈, 다수가 공유하는 이 꿈이 상응한다. 이 꿈들은 서로 모순되는 별개의 꿈이라기보다는 동일한 시대의 두 얼굴로 봐야 할 것이다. 같은 맥락에서, 허영과 자기중심주의의 독약에는 드러내지 않기라는 해독약이 있다고 하겠다. 보들레르나 워홀은 이 사실의 증인들이다.

이러한 관점에서 역설적으로 드러내지 않기라는 경험의 정치적인 차원을 접하게 된다. 타자에 대한 관심과 예의 같은, 어떤 면에서 다소 케케묵은 문제뿐만이 아니라 존재를 드러나는 것과 동일시하고 가치를 눈에 보이는 것과 동일시하는 기존 질서에 대한 저항의 문제도 개입되기 때문이다. 물론 눈에 보이는 모습을 사랑하는 태도는 전혀 새로울 것이 없고 그 자체가 반드시 나쁘란 법도 없다. 플라톤 이전의 그리스인들은 아무런 깊이도, 배경이나 피안에 대한 고민도 없는 겉모습에 대한 숭배 의식을 고안해내기까지 했다. 순수한 아름다움은 아름다움

그 자체로 정당성을 얻었다. 하지만 사정이 달라졌다. 눈에 보이는 것들의 세상은 이제 아름다움은 찾아볼 수 없는, 결코 바닥이 보이지 않는 자기 이미지들의 유희로 축소되었기 때문이다. 고전적인 영웅들은 자기를 투사한 모습이 아닌 타자로서의 영웅이었고, 사실상 아무런 감시도 받지 않는 보통의 삶을 영위했다. 그런데 오늘날의 영웅들은 오로지 모습을 드러내고 싶다는 생각밖에 없는 이들의 전능성에 대한 환상을 구현하든가, 세상에 자기가 드러나 있다는 것을 더 이상 참을 수 없는 이들의 피해망상을 구현한다. 이제 세상은 그늘도 숨을 데도 없다. 감시당하지 않는 땅이 없다. 여기에서 드러내지 않기의 정치적이고도 시사적인 쟁점이 부각된다. 자기증명과 일반화된 감시의 차원에서 떠나는 법을 배운다는 것 자체가 이미 반기를 드는 방식이다. 진지하면서도 소박한 저항은 대개 어느 정도 지하활동을 받아들임으로써 시작된다. 다시 말해 저항은 벽에 바싹 붙어 몸을 숨기고 눈에 띄지 않는 기술, 드러내지 않기의 기술에서 시작된다는 얘기다.

여기서 우리는 앞에서 말한 특징 못지않게 반(反)직관적인 드러내지 않기의 세 번째 특징을 접하게 된다. 온화하게 뒤로 물러나 있는 비정치적인 모습 이면에서 정치와의 새로운 관계를 여는 특징을 보게 되는 것이다. 물론 이 특징이 정치의 전통적인 형식들을 폐기하지는 않는다. 오히려 이 특징은 우리가 거리를 둘 수 있는, 혹은 잠시 모습을 감출 수 있는 정치적 세계를 전제하기 때문이다. 그러나 이 특징은 전통적인 정치 형식에 어떤 보완책을 더하거나 여러 형식들을 은밀하게 중첩시킨다. 눈에 띄지 않는 법을 배우거나 사라짐을 즐기는 것은 기존 정치에 대한 대안이 아니라 어쩌면 기존 정치를 지탱할 수 있는 유일한 방법일지도 모른다.

예를 하나만 들어보자면 정치 시위를 생각해볼 수 있다. 언뜻 보기에 시위는 드러내지 않기와는 정반대다. 시위는 자신을 내세우고 드러내고 힘을 보여주는 것이다 (그래서 시위를 영어로는 '데먼스트레이션demonstration'이라고 하지 않는가). 게다가 르 봉*이나 프로이트의 군중심리를 따르

---

* Gustave Le Bon(1841~1931). 의사이자 사회심리학자. 특히 군중심리 연구로 현대 사회심리학의 한 갈래를 형성했다.

면 정치적인 시위에서 군중은 늘 카리스마 넘치는 지도자와 융합되기를 원한다. 지도자가 구현하는 '한 가지 특징'에서 출발하는 퇴행적 동일시, 즉 단 하나의 공통점이 서로 구별되는 개인들을 하나로 융합시키는 동시에 집단적인 정서 분출을 가능하게 하는 것이다. 달리 말하면 개인이 부산스러운 군중 속으로 사라지는 이유는 오로지 '수령Duce' 혹은 '총통Führer'이라는 영광된 인물을 통해서 자신을 더 잘 나타내기 위해서다. 그러나 정말로 모든 시위가 결국은 파시즘 혹은 포퓰리즘이라는 형식으로 환원 가능할까? 좀 더 자세히 살펴보면 다수의 시위가 지니는 매혹은 뭔가를 보여주고 입증하거나 혹은 리더의 사람됨에 자신을 동일시하는 데 있지 않고, 오히려 모두의 익명화를 즐기는 데 있다. 그러한 익명화는 개개인의 특성을 지워버리기는커녕 되레 강조한다. 신명나는 시위에 참가한 이들은 앞에 나선 리더나 '대표들' 따위는 신경 쓰지 않거나 아예 쳐다보지도 않는다. 시위 참가자들은 자기가 원하는 대로 들어왔다가 나가고, 낯모르는 이와 스치듯 주고받는 미소를 통해서 언뜻 모습을 드러냈다가 금세 또 모습을 감춘다. 한마디로, 시위 참가자는 바로 자신을 드러내야 하는 시위의 현장에서 굳이 자기를 감추지 않아도 자기가 사라지는 그 점을 즐기는 것이다.

그렇기는 하지만 그런 경험들은 이해보다는 느낌으로 다가온다. 그것은 굉장히 일상적이지만 처음에는 명쾌하게 와 닿지 않는 반직관적인 역설과 신비에 싸여 있다. 그렇지만 그런 경험들을 몸으로 겪는 데 그치지 않고 사유하고자 노력했던 작가가 한 사람 있다. 바로 카프카다. 잠시 그의 목소리를 들어보자.

카프카의 경험

"세계와 너의 싸움에서 세계를 보좌하라." 카프카는 1917년 12월 8일 일기에 이 문장을 남기면서 최소한 두 가지를 말하고 싶었던 듯하다. 우선은 그저 순수하게 세계에 존재할 수 없음을, 세계가 그로 하여금 외부의 존재와 사물과의 적당한 거리를 찾도록 끊임없이 투쟁하게 만든다는 것을 말하고 싶었을 것이다. 너무 가까우면 잡아먹히니까 안 되고(세계와 맞서야 할 이유) 너무 멀면 외롭고 버림받은 느낌이 들기 때문에 안 된다(세계를 편들어야 할 이유). 그러나 카프카는 이렇게 절망적이고 실존주의라는 용어가 등장하기 이전의 실존주의적 자세를 보이는 동시에 자못 다른 얘기, 거의 정반대의 얘기도 하고 있다. 그러한 싸움에서 가장 나쁜 것은 세상이 우리를 파괴하고 부수는 게 아니다. 우리가 정말로 세계를 정복하기에 이르러 완전히 자기중심적인 개인적 자아, 다시 말해 본래 의미로서의 '세계 없는im-monde'* 자아밖에 존재하지 않고 그 자아가 승리감 혹은 비참함을 느끼게 된다면 그것이야말로 최악이다. 그렇기에 인간은 항상 '세계를 보좌할' 필요가 있다. 세계의 희생을 불사하면서까지 존재하고 싶은 자아의 바람을 접어야 할 뿐만 아니라 세계가 스스로 존재하고, 나타나고, 살아가게끔 도와야 한다는 얘기다. 마치 사물과 존재를 생각하고 배려하는 사람이 단 한 명도 남지 않는다면 사물과 존재는 더 이상 존재하지 않을 것처럼 말이다. 이 '처럼'에서 카프카 특유의 겸허함과 섬세함을 읽어내야 한다. 세계를 보좌하라

---

* 'immonde'는 본래 '더러운, 추한, 야비한'이라는 뜻이다. '비非', '부否'의 뜻을 지니는 접두사 'im'을 단어에서 분리해 '세계 없는'이라는 새로운 뜻으로 사용하였다.

는 요구는 우리가 없으면 세상이 돌아가지 않는다는 믿음과 완전히 대척점에 있기 때문이다. 물론 세상이 우리 없이도 잘 돌아간다면 그건 좋은 일이다. 그러한 세상의 자율성을 만끽할 사람이 하나도 남지 않는다면 세상 역시 돌아가지 않겠지만 말이다. 카프카의 유심론唯心論, 즉 모든 사물과 감각이 비가시적인 정신으로 지각됨으로써 존재한다는 생각은 교만이 아니라 신중한 겸손이다.

이렇듯 카프카는 '드러내지 않기'라는 개념의 현대성과 어려움, 그리고 마침내 그런 행위에 이르는 진정한 길을 그 한 문장으로 응축한 것처럼 보인다. 드러내지 않기의 문제는 극단적으로 다른 해석이 가능할 만큼 모호하다는 데 있다. 드러내지 않기는 아리스토텔레스의 '존재'가 그렇듯이 최종적으로 여러 가지 의미로 이야기된다. 일단 도덕적 차원에서 애매하다. 이는 드러내지 않기라는 개념이 도덕적인 차원에서 처음 등장한 듯 보이기 때문이다. 먼저 드러나지 않게 처신할 줄 안다는 것은 남들 앞에서 너무 튀지 않고 자기 자신을 지울 줄 안다는 뜻이다. 그러한 처신은 훌륭한 교육의 근본 원칙 중 하나로 통한다. 하지만 좋은 교육을 받은 이들 중에서 스스로 내색하지 않는 기권자, 비겁자, 노예근성의 소유자들이 적지 않다는 사실 또한 잊지 말아야 한다. 정치적, 법적 차원에서의 애매성도 있다. 드러내지 않기는 일종의 재량권이라고 할 수 있는데, 이러한 재량권은 개인의 권리에 속하지만(타인의 재량권을 존중한다는 것은 자기 소유에 대한 자기의 처분을 존중한다는 뜻이다), 다른 한편으로는 정치적으로 순전히 공적인 사용권이다(완전히 나 홀로 존재한다면 드러나지 않게 처신할 필요가 어디 있겠는가?). 그리고 좀 더 깊이 들어가면 거의 존재론적 차원에 속하는 애매성이 있다. 드러내지 않는다는 것은 겉모습의 유희에서 빠져나오되 그유희에 주의를 기울이는 것, 자기는 세계에서 뒤로 빠지되 세계가 존재하게 내버려두는 것이기 때문이다. 드러내지 않기는 존재를 겉모습에서 거둬들이지만 그 이유는 존재를 온전히 복원하기 위함이다. 마지막으로, 정서의 애매성을 들 수 있다. 드러내지 않기는 행동방식이자 정서이기 때문이다. 너무 드러내지 않는다는 것은 고통, 거의 절망에 가깝지만 어떻게 보면 영원히 끝나지 않는 싸움 속에서 마음의 평화와 기쁨을 얻는 일이다.

드러내지 않기라는 경험의 현대성은 그렇게 자명하지 않다. 자신을 드러내지 않는 것은 다소 시대에 뒤떨어진 미덕, 궁정사회나 규방에서 오가는 말에나 적합할 법하지, 이미지와 광고의 현대 문명에는 심히 부적절해 보이지 않는가? 그럼에도 불구하고 카프카의 말은 일상화된 이 편견을 정면으로 깨부순다. 드러내지 않기는 전제주의적인 팬옵티콘*에 끊임없이 위협받는 우리 사회에서 더없이 귀한 미덕이 될 것이다. 죄수 한 사람 한 사람이 중앙에 위치한 간수에게 잘 노출되게끔 고안되었던 벤담의 감옥은 오늘날 일상이 되어버린 감시카메라 녹화, 전화 도청, 전자메일 해킹, 소형 정찰기와 첩보위성을 동원한 국민 감시, 유명인들을 괴롭히는 파파라치와 협박 자료의 감옥으로 변모했다. 반면에 현대 사회는 우리에게 모든 것이 드러나는 '공개성publicité'과 더불어 그 이면, 즉 몰개성적인 익명성과 드러냄의 유희에서 빠져나올 수 있

* panopticon. '모두'를 뜻하는 'pan'과 '보다'는 뜻의 'opticon'을 합성한 단어로 철학자 제러미 벤담이 죄수를 사방에서 감시하기 위한 원형 감옥이라는 뜻으로 사용한 이후로 지금까지 철저한 감시와 통제의 상징이 되고 있다.

는 힘이 생기면 그 즉시 세상에 없는 사람처럼 살 수 있다는 희열 또한 가져다줄 것이다.

아직은 모른다. 그렇지만 어쨌든 철학적으로는 카프카를 좇아 다음의 사실에 주목해야 한다. 일반인들의 리얼리티 쇼, 즉석 거리 인터뷰, 행운의 룰렛 따위를 아무리 늘려 봤자 소용없다. 대중사회는 늘 대중사회일 것이다. 다시 말해 다수가 눈에 띄지 않게 살아갈 수밖에 없는 사회라는 말이다. 다수가 원하든 원치 않든, 어떤 정치 체제가 들어서든 상관없다. 바꾸어 말하자면 현대성을 정치, 예술, 문학 등의 다양한 분야에서 대중이 힘을 얻게 된 것으로 규정해 봤자 소용없으며 그러한 규정은 늘 눈속임에 지나지 않는다는 얘기다. 사실 대중은 결코 모습을 드러내거나 두각을 나타낸 적이 없다. 신중함의 극치 아닌가. 민중은 시위하고 항거할 때조차도 영원한 소수, 영원히 들리지 않는 목소리다. 대중성이라는 개념 자체의 역설이 그 점을 확고부동하게 증명한다. 대중에게서 영원히 떠난 사람만이 대중적인 인기를 누릴 수 있지 않은가.

그런데 대중이나 평범한 사람들에 대한 이런 식의 규정은 도덕적, 정치적 차원에서 파렴치한 면이 있다. 결국 대중은 영원히 들리지 않는 목소리, 눈에 띄지 않는 존재로 남으라는 말과 뭐가 다른가? 게다가 그러한 규정은 거짓이라고 해도 과언이 아니다. 오히려 귀족들이야말로 소란스러운 통속성에 반하여 드러내지 않기의 매력을 설파하면서도 민중의 인정을 갈구하지 않았던가? 이쯤 되면 갈피를 잡을 수 없다. 그러나 다시 한 번 카프카가 우리에게 길을—그의 표현을 그대로 빌리자면 "진정한 길을"—열어준다. 왜냐하면 카프카는 눈에 띄게 행동하든 그렇지 않든 그 자체는 선도 아니고 악도 아니라고, 그런 것은 중요하지 않다고, 세계를 보좌하는 것이 중요하다고 말하기 때문이다. 다시 말해, 자신은 으뜸이 아니요, 세상의 중심도 아니고 기원도 아니라는 것을 받아들이면서 존재하는 모든 것들을 떠받치고, 자기 자신이나 타자를 위해서가 아니라 각각의 사물, 존재, 순간을 위해서 봉사하는 것이 중요하다. 자아는 헛바람, 허깨비, 기만에 불과하고 타자는 폭군 혹은 환상일 뿐이니까. 달리 말하면, 카프카는 드러내지 않기의 경험을 미덕, 자질, 다소 시대착오적인 양질의 교육의 증거로서만이 아니라 매우 현대적인 동시에 혹독한 경험, 때로는 최상일 수 있으나 때로는 최악일 수도 있는 경험으로 보았다. 결국 드러내지 않기란 일종의 미덕이나 변하지 않는 기질 또는 성격이 아니라 드물고도 양가적인 경험, 그러나 한없이 귀한 경험이 아닐까. 이제 전에 없던 이 길을 뚜렷하게 설명해보자. 참으로 독특한 이 목소리를 쫓아가보자.

보편적이면서도 드물고 힘든 경험

보이지 않는 것, 좀 더 정확히 말해서 눈에 띄지 않는 것으로 나아가는 문을 여는 일. 이는 귀하면서도 드물고 힘든 경험에 자기 자신을 열어놓는 것이다. 문제는 그 같은 경험이 그렇게나 귀중하다지만 왜 그와 동시에 드물고 힘들다는 점까지 받아들여야 하느냐는 것이다. 스피노자가 『에티카*Ethica*』의 결말부에서 '지복béatitude' 혹은 '인간의 구원'을 말하면서 "모든 귀한 것(혹은 훌륭한 것)은 드물다Omnia praeclara rara"[3]라는 라틴어 격언을 내걸었던 것은 이해가 간다. 그러나 드러내지 않기의 경험이 그 정도까지 요구하지는 않는다. 드러내지 않기는 훨씬 더 소박한 기쁨을 선사하고, 그 기쁨에서 누군가의 구원은 중요하지 않다. 그 누군가가 자기 자신이 됐든, 타자 혹은 세계가 됐든 간에.

지금까지 간략하게 살펴본 바에 따르면 드러내지 않기의 경험은 오히려 지복의 경험과 반대라고 말할 수도 있을 것이다. 지복은 우리의 불멸성을 경험하게 하는 반면, 드러내지 않기는 우리가 죽을 수밖에 없는 존재이고, 그러한 필멸성도 꽤 좋다고 느끼게 한다. 지복의 경험은 스피노자의 말마따나 "우리 안에 있는 한에서" 최대 역량을 약속하지만 드러내지 않기의 경험은 오히려 결말을 내지 않고 역량에 대한 욕망을 한동안 유예하게 하고 바로 그 유예 속에서 즐거움을 찾게 한다. 지복의 경험은 우리를 정치 고유의 정동(두려움, 소망, 연민, 증오, 분노, 경멸 등)에서 근본적으로 해방시키지만 드러내지 않기의 경험은 부분적으로 그 같은 정동에서 힘을 얻어─최소한 부차적으로나마─끊임없이 드러내야 하는, 감시가 일반화된 끔찍한 세상, 즉 현대 세계의 상당 부분과 맞서는 분리파의 전략이 된다. 마지막으로, 지복은 궁극적으로는 '직관지直觀知, scientia intuitiva'라고 하지만 실제로는 오랜 노력 끝에야 얻을 수 있다. 수학, 신의 필연적 존재, 세상의 물리학적 원리들, 우리네 정동의 술책, 우리가 타고난 예속의 형태를 먼저 배우고 난 후에야 얻을 수 있다는 얘기다. 물론 그러한 배움도 소중하다는 점은 인정하자. 반면, 드러내지 않기는 누구에게나, 완전히 즉각적으로 주어지는 듯 보인다. 스피노자의 표현을 빌리자면 드러내지 않기는 '첫 번째 종류의 인식'에 해당한다고 할까.* 예를 들어, 어린 아이도 선생님이 자기 아닌 다른 학생을 칠판 앞으로 불러 세웠을 때는 교실 맨 뒤에서 눈에 띄지 않게 꾸벅꾸벅 조는 요령을 부릴 줄 안다.

그런데도 어째서 드러내지 않기는 지복만큼이나 드물고 힘든 경험일까? 일단 이미 언급한 바 있는 일련의 정치적 이유들을 들 수 있겠다. 기업계부터 예술계에 이르기까지 텔레비전과 소셜 네트워크를 떼어놓고는 생각할 수 없는 이 모든 세계가 눈에 띄는 것이 곧 존재하는 것

---

* 스피노자는 인식의 세 단계로 표상지, 이상지, 직관지를 들었다. 여기서 말하는 첫 번째 종류의 인식이란 '표상지immanatio'에 해당하는데, 주로 감각에 의한 인식을 말한다.

이라고 끊임없이 상기시키는데 어떻게 이 와중에 있는 듯 없는 듯 처신할 수 있단 말인가? 그러나 이런 이유만 으로는 충분치 않다. 우리가 아직 순전히 보이기 위해 존 재하는 사회에 살고 있지는 않기 때문이다. 아니, 이러한 시스템의 수혜자들이 갖은 노력을 하고 있음에도 어떻게 든 튀어 보이려는 욕망과 이미지에 중독된 이들은 아직 소수에 불과하다. 텔레비전과 소셜 네크워크는 흡사 배 경음악 같다고 할까. 텔레비전이 켜져 있다고 해서 무조 건 보는 것이 아니고, 페이스북에 접속했다고 해서 서로 에게 관심을 갖게 되는 것은 아니다.

그에 반해, 훨씬 단순하면서도 근본적인 측면에 이유 가 있다. 어쩌면 이 이유가 그 어려움을 좀 더 잘 해명할 것이다. 사실 드러내지 않기가 본래 그리 달가운 경험은 아니다. 좀 더 자세히 말하자면, 드러내지 않기는 뭔가 홀린 듯한 경험, 매 순간 정반대로 치달을지도 모른다는 위협에 시달리는 경험이다. 없는 사람처럼 산다는 것이 생각지 못한 평화일까? 불현듯 그런 행동이 퇴행적이고 도착적인 행동일 뿐이라는 불안감이 끼어든다. 열쇠구멍 을 들여다보면서 온 세상을 거대한 '요지경peep-show'으로 삼는 부끄러운 희열과 뭐가 다른가 싶은 것이다(영어에서 'peep'은 '훔쳐보다'라는 뜻이다). 그리고 그 불안감 속에서 또 다른 형태의 불안, 강박신경증 특유의 훨씬 더 깊은 불안이 스멀스멀 올라온다. 프로이트가 말한 대로 "아버지를 위해서 나는 물러나는" 자세로 특징지어지는 거세 불안 말이다. 다시 말해, 세련되게 드러내지 않는 행동이 한층 더 근원적인 비겁함을 은폐하고 있지는 않은가 불안해진다. 이러한 신경증적 불안 속에서 세 번째 종류의 불안, 정신병 일보 직전의 가장 나쁜 불안이 고개를 들 수도 있다. 영원한 사라짐에 대한 불안, 이제 아무것도 아니라는 불안, 죽음에 대한 불안. 더없이 우아한 방식으로 연을 끊고 멀찍이 물러나 있다 해도 그 이면에는 죽음충동의 음험한 수작이 있을 뿐이라고 생각하는 불안. 죽음충동은 서글프게도 자신의 기권과 몰락을 무한정 즐기라고 가르친다. 더는 아무도 봐주지 않는 쓰레기가 되는 법을 즐기라고 가르친다.

그래도 전능성을 내려놓는다면 좋은 일 아닌가? 하지만 그놈의 어린애 같은 수줍음과 그에 따라오는 오만 가지 부끄러운 일, 뜻했으나 이루지 못한 일, 괴로움이 자꾸만 고개를 들고 일어난다. 이때 의심이 엄습한다. 드러내지 않기의 이면에 어떤 이유들이 감추어져 있는지 의심스러운 것이다. 실제로 니체는 가면, 위장, 무기력한 은둔의 추종자였으면서도 허무를 보려는 욕망, 나아가 더 이상 아무것도 원하지 않으려는 이 석연찮은 욕망에 강력한 의심을 끊임없이 피력하곤 했다. 그리스의 다신교, 유대교, 그리스도교, 이슬람교, 불교, 현대의 허무주의 등 가장 높은 수준의 문화에도 이런 욕망은 얼마든지 들러붙을 수 있었다. 엄청난 양면성 아닌가? 한쪽에는 가장 장엄한 태도를 고양하는 듯한 욕망이 있다. 그런 점에서 그리스인들이 비극을 대하는 자세는 생의 불의와 끔찍함에 대한 한탄으로 요약된다. 그리스 시인과 영웅들은 "태어나지 않았더라면mê phunaï."이라고 부르짖는다. 태어나지 않았더라면, 차라리 죽었더라면, 이 말은 사실 『오이디푸스 왕*Oedipus Rex*』의 대단원에서 오이디푸스가 내뱉는 외침이자 안티고네가 산 채로 매장당하면서 내뱉는 외침이다. 생의 흉악함을 마주하면서도 굴하지 않고, 자신의 전부와 살아야 할 이유를 잃으면서까지 운명 혹은 도시국가의 명령을 거부하는 모든 비극의 주인공들은 그렇게

외친다. 이러한 태도는 모든 현대 과학의 근거가 되는 절대적이고 전적인 진리를 비상식적인 수준까지 요구하고 나섰던 소크라테스, 플라톤, 그리고 초대 그리스도교 신자들에게도 있었다. 하지만 어떻게 보면, 드러내지 않고 물러나 있고자 하는 욕망, 더 이상 눈에 띄지 않고 자기 의지를 타인의 의지 속에 녹여버리려는 욕망은 끔찍한 과오나 다름없다. 그러한 과오가 쇼펜하우어와 젊은 날의 니체가 보였던 병적 염세주의를 부채질했다. 반동적이고 수동적인 허무주의, 다시 말해 오늘날 불길하기 짝이 없는 욕망, 싹 다 밀어버리고 이제 아무것도 하지 않겠다, 아무것도 원하지 않겠다는 욕망을 키웠다. 한마디로, 드러내지 않기에 대한 욕망과 경험은 한 방향으로만 해석하기가 불가능하다. 드러내지 않기를 무조건 떠받들고 고양하거나 반대로 무조건 내몰고 짓밟아서는 아무런 진전이 없을 것이다.

사실 진중한 정치에 기밀과 은폐가 아예 없을 수는 없다. 마키아벨리의 말마따나 '여우'의 기질이 다소 필요한 것이다. 게다가 평화시위에서 볼 수 있듯이 드러내지 않는 익명성의 정치는 아마도 지고의 구원자—신, 카이사르, 선동가—에게서 해방된 민주주의의 가장 완성된 형태일 것이다. 그러나 국가기밀과 소위 자유재량권, 다시 말해 정체를 드러내지 않고 경찰력을 동원할 수 있는 최고 권력자의 비밀스러운 의지에 따라 움직이면서 아무 통제도 받지 않는 권한은 민주주의를 가장 확실하게 죽인다. 따라서 '모든 인간은 교활하다는 이유로' 비밀, 은폐, 가면을 찬양하고 파워게임을 하면서 스스로 머리를 잘 쓴다고 생각하지만, 스탕달의 『뤼시앵 뢰벤*Lucien Leuwen*』에서처럼 금세 자신이 멍청하고 멸시받아 마땅한 고관의 명령이나 받드는 일개 시골 책사가 되어 있음을 깨닫고 두려움에 휩싸일 것이다.

한편 우리는 타인의 신중한 행동—자신을 드러내지 않는 처신—에 매혹당하거나 호의를 느낄 수도 있다. 하지만 이 매혹은 결과적으로 반대의 결과를 낳기도 한다. 남들이 드러나지 않게 처신하고 함부로 타인의 영역을 침범하지 않는 모습은 마냥 좋게만 보인다. 우리는 자연스럽게 꿍꿍이 없는 미덕만을 본다. 그러나 무엇이 우리에게 그처럼 안이한 확신을 주는가? 왜 엄청난 은폐, 완벽한 위선, 각별히 세련된 형태의 나르시시즘이나 단순한 비겁함을 보지 못하는 걸까?

프루스트는 『활짝 핀 아가씨들의 그늘에서*A l'ombre des jeunes filles en fleurs*』에서 그 전형적인 장면을 묘사했다.[4] 알베르틴라는 여인을 사랑하는 화자는 자신과 가장 친한 여자 친구 앙드레에게 수시로 속마음을 토로한다. 화자는 앙드레의 재치와 섬세함을 각별히 높이 산다. 앙드레는 화자가 없는 자리에서 그에 대해 안 좋은 말을 들어도 행여 상처를 줄까 봐 그런 말을 옮기지 않을 여자다. 하지만 어느 날 화자는 앙드레가 알베르틴에게도 자신을 대할 때와 똑같이, 그러나 조금 다른 의미에서 분별 있게 처신한다는 것을 깨닫는다. 앙드레는 화자의 마음을 절대로 알베르틴에게 전해주지 않는다. 화자는 비밀스러운 목적, 사랑하는 여인의 귀에 뭔가 들어가기를 바랐으리라는, 이해하기 어렵지 않은 목적을 가지고 자기 마음을 털어놓았을 텐데 말이다. 게다가 앙드레처럼 섬세한 영혼의 소유자가 설마 그런 의중을 이해 못할까. 당연히 화자는 호감을 잃고 이렇게 결론 내린다. "앙드레의 수많은 세련된 호의들을 알베르틴에게서 기대하기란 불가능한 일이었다. 그렇지만 나는 훗날 알베르틴의 호의를 확신했던 것만큼 앙드레에게서 깊은 호의를 확신할 수는 없었다." 재치 넘치고 신중한 영혼들을 상대하면서 상처받지 않으리라는 확신은 가져도 좋다. 그러나 과연 진심으로 사랑받고, 도움 받고, 이해받을 수 있을지는 결코 확신할 수 없다.

그런데 드러내지 않기라는 경험의 독특한 매혹에 앞서 강박관념이 존재한다. 이를테면 드러내지 않기는 누추한 옷을 가리는 외투 혹은 정신분석학적 의미에서 최악의 정동—수치, 비겁함, 태만, 의지박약, 이중성, 횡포—을 합리화하는 방편에 불과하다는 강박관념 말이다. 그러나 우리는 드러내지 않기라는 경험이 그렇지 않다는 것을 증명해보려고 한다. 아울러 완전히는 아니더라도 최소한 실질적으로 그 경험을 지속시킬 수 있는 기술을 알아보고자 한다.

좀 더 자세히 말하자면, 드러내지 않기의 기술에는 적어도 삼중의 작용이 요구된다. 우선 드러내지 않기의 경험을 역사화하고 정치화하는 작용이 필요하다. 드러내지 않기의 경험이 모든 장소와 시간에서 가치를 지니지는 않는다. 거시사적 순간일 수도 미시사적 순간일 수도 있겠으나 어떤 역사적 순간, 어떤 지리적·사회적 장소에서는 자신을 드러내고 표명함으로써만, 결코 물러남 없이 목소리를 내고 모습을 드러낼 수 있어야만 삶다운 삶이 가능하다. 이로부터 드러내지 않기라는 행동의 근본적으로 정치적인 측면, 의심할 바 없이 미시정치적인 측면이 제기된다. 이러한 정치적 측면은 양면적인 현대의 체계적 전체성을 근본적으로 재고하게 한다. 드러내지 않기가 그저 좋은 행실, 상황의 적절성, 예의범절, 아니 더 간단하게 그저 개인적 삶의 문제일 때에는 살아 있는 경험이 될 수 없다. 이때의 드러내지 않기는 구속과 기만에 불과하다. 이 경험을 살아 숨 쉬게 만드는 것은 늘 환경이기 때문이다. 드러내지 않기의 경험은 입장들이 작용함으로써 부상한다. 특히 늘 같은 사람들이 신중한 것으로 밝혀지고, 늘 같은 사람들이 입방아에 오르내린다면 예기치 못한 새로운 경험, 순수하게 유희적인 경험은 있을 수 없고 자크 랑시에르가 말하는 "감각적인 것의 나눔 partage du sensible"[5]만이 있을 뿐이다. 다시 말해 언제나 전체 인구의 일부를 배제함으로써 가시성과 자리의 고정적인 배분이 일어난다는 뜻이다. 이렇게 배제당하는 '자리 없는 사람들', '보이지 않는 사람들'은 어차피 늘 눈에 띄지 못했으므로 결코 그들 자신이 눈에 띄지 않기를 선택했다고 볼 수 없다. 다시 말해 드러내지 않기는 바람직한 몸가짐이나 그저 사적인 조심성으로 치부될 수 없다. 드러내지 않기는 이따금 타자들의 존재를 (재)발견하면서 기뻐할 권리가 있는 개방적인 영혼의 소유자들에게 한정된 즐거움으로 축소될 수 없다. 드러내지 않기는 몇몇 사람의 경험 혹은 미시정치적인 경험이지만 역설적이게도 오히려 모든 사람과 관련이 있는 정치적 경험이다. 즐거이 자리, 목소리, 관심을 달리하는 자기 자신을 '바라보는' 경험, 그러면서 우리는 이러한 이동이 평소 눈에 띄지 않는 사람, 수줍음을 타는 사람, 익명의 인물에게만 가능하다는 것을 알게 된다.

그리고 드러내지 않기가 하나의 기술이 되려면, 다시 말해 개인의 특이한 자질이 아니라 습득하고 계발하고 옹호할 수 있는 능력이 되려면 가급적 모든 심리적 고려, 혹은 드러내지 않기라는 행동을 성격적 특징으로 간주하는 태도를 버려야 한다. 드러내지 않기에 대한 옹호가 곧 신중한 사람들에 대한 옹호는 아니며, 그렇게 될 수도 없다. 여기에는 자명한 이유가 적어도 두 가지는 있다. 첫째, 정말로 신중한 사람들은 그 기술을 전혀 필요로 하지 않을 뿐 아니라 적어도 가끔은 정반대의 기술을 원할 것이기 때문이다. 자기를 내세우고, 자기주장을 펼치고, 자기를 숨기고 싶은 병적인 욕망을 억누르는 법 말이다. 둘째, 좀 더 근본적인 이유로 지속적인 드러내지 않기라는 발상 자체가 모순형용이나 다름없다. 실제로 어원적으로 따져보면 '드러내지 않기'라는 뜻의 프랑스어 'discrétion'은 '분별, 분리, 구분'을 뜻하는 라틴어 '디스크레티오discretio'에서 왔다. 이 어원은 영어 단어 '디스크리션discretion'에도 유효하며 '불연속의, 이산의discret'라는 수학적 의미도 낳았다. 따라서 드러내지 않기는 연속적일 수 없다. 드러내지 않기 자체가 나타남과 사라짐, 표명과 유보의 교묘한 변증법을 상정하고 들어간다. 어쨌든 이런 면에서 드러내지 않기의 기술은 사실상 형이상학적이고, 근본적으로는 신학적이라고까지 할 수 있는 몸짓에 해당하는 듯하다. 요령, 수줍음, 몸가짐, 정중함이라는 세속적인 경험들이나 겸손, 초탈, 세상으로부터의 은둔 같은 종교적 태도들과 유사하지만 엄연히 구별되는 경험으로 자신의 개념을 구축하고자 하는 기술이랄까.

사실, 사라짐의 기술이라는 의미에서의 드러내지 않기의 기술이 가능하기 위한 조건들이 갖춰진다고 해도 그 기술의 특수하고 실용적인 특징들을 상세히 기술하는 작업은 여전히 남아 있다. 구체적으로, 어떻게 모든 민주주의의 원칙 자체를 위반하지 않으면서도 드러내지 않기 본래의 정치적 차원을 고려할 수 있을 것인가? 여론 공개와 투명한 의사결정이야말로 민주주의의 원칙 아닌가? 구체적으로 어떻게 해야 쉬운 말장난에 만족하지 않고 'discret'라는 단어의 어원적인 의미와 수학적인 의미를 보존할 수 있을까? 구체적으로 과연 어떻게 해야 이 눈부신 경험을 양쪽에서 도사리는 위험―한쪽에는 자아가 피를 흘리며 와해될 위험이 있고 다른 쪽에는 나르시시즘에 매몰될 위험이 있다―에서 보호할 수 있을까? 구체적으로 어떻게 해야 스스로 사라지고 싶다는 욕망을 병적이고 이해하기 힘든 자기희생의 감정과 차별화할 수 있을까? 이상의 질문들에 답하기 위해서 드러내지 않기의 기술을 구성하는 행위는 필연적으로 무수히 많은 미세한 몸짓들, 부분적으로는 서로 모순되거나 유기적으로 조응하지 않는 몸짓들로 분해될 수밖에 없다. 그렇기 때문에 과학이 아니라 기술일 수밖에 없다. 또한 바로 그렇기 때문에 드러내지 않기 혹은 사라짐을 사유했던 위대한 사상가들은 주로 단상이나 아포리즘으로 그들의 생각을 표현했다.

계속 나아가야 한다. 세 가지 행위를 좀 더 천천히, 좀 더 역사적으로 풀어나가야 한다. 드러내지 않기라는 경험이 부상하기 위한 조건들을 살펴보아야 한다. 다소 원시적인 계보학에 따라서, 최소한 서구 사회에서 드러내지 않기의 경험에 근접했던 경험들을 참조해야 한다. 드러내지 않기의 정치적 성격이 지닌 뿌리 깊은 애매성을 검토해야 한다. 마지막으로, 드러내지 않기에 진입하는 법을 가르쳐주는 구체적인 형식들을 그때그때 되는 대로 살펴보아야 할 것이다. 드러내지 않기에 진입한다는 것은 종교에 입문하거나 수도원에 들어가는 것과는 다르다. 오히려 낯모르는 사람들 틈바구니에 잠시 끼어들어 가는 것과 비슷하다고 할까. 딱히 호기심이나 매력을 느껴서가 아니라 그저 저 사람들은 어떻게 사나 싶어 잠깐 들어갔다가 사물의 '중립적인' 아름다움, 다시 말해 인격적인 주체도 없고 특정한 객체도 없는 아름다움에 마음이 움직이듯이.

드러내지 않기라는 경험의 뿌리를 찾아서

———

어쩌다 갑작스러운 자신감이 들었을까? 이 감정이 지속될 수 있기를! 그렇게 해서 내가 모든 문들을 통과하고 얼추 반듯하게 버티고 서는 인간이 될 수 있기를. 하지만 그게 정말로 내가 원하는 것인지는 잘 모르겠다.

_카프카, 『카프카의 일기』, 1913년 11월 6일

드러내지 않기, 다시 말해 눈에 띄지 않기, 입을 다물고 있는 듯 없는 듯 지내기, 요컨대 증명과 인정의 치킨게임에서 벗어난다는 것은 일견 도덕적 미덕에 해당하는 듯하다. 따라서 드러내지 않기가 반드시 즐겁거나 독특한 경험이라는 법은 없다. 드러내지 않기는 일단 세상에서 살아가기 위해서 세상의 규범과 제약에 자기를 맞춰가며 감당해야 할 의무다. 하지만 그렇다면 그 같은 드러내지 않기의 도덕은 어디서 나왔을까? 언뜻 보기에 드러내지 않기의 뿌리는 아주 먼 곳까지 뻗어 있는 듯하다. 그 뿌리는 인류, 아니 생명 전체의 까마득한 토대에까지 닿아 있는 것 같다. 생명은 원래부터 위장과 기만을 구사할 줄 알았기 때문이다. 적어도 가장 약한 동식물, 니체의 표현을 빌리자면 "뿔을 지녔거나 날카로운 맹수의 이빨을 가진 자들과 싸워서 살아남을 수 없는 연약한 자들"의 생은 그러했다.[6]

구석기 시대의 울창한 숲에서 자기보다 힘이 세거나 민첩한 야생동물에 둘러싸여 살아가는 인간을 상상해보라. 만약 그가 본능적으로 눈에 띄지 않게 조심할 줄 모른다면, 고양이처럼 '살금살금 걷고' 쥐나 두더지처럼 땅굴에 '웅크리고' 카멜레온이나 대벌레처럼 '배경 속에 묻어가는' 요령이 없다면 애초에 게임이 되지 않을 것이다. 그런 인간은 금방 잡아먹히거나 먹을 것을 구하지 못해 굶어죽을 것이다. 이렇게 볼 때에 드러내지 않기는 우리의 가장 동물적인 부분에서 비롯되었을 것이고, 자기보존 본능의 특수한 한 형태에 불과할 것이다.

그렇지만 좀 더 정확하게 따져보자. 가혹한 정글을 다시 떠올려보자. 실제로 생명은 그런 환경에서 각자 어떻게 보면 비슷하지만 한편으로는 기상천외한 드러내지 않기의 형식들을 고안해내는가 하면 오만 가지 잡다한 자기증명과 표명의 형식들도 만들어낸다. 많고 많은 땅굴, 은신처, 눈에 띄지 않는 통로, 침묵이 있는가 하면, 기상천외한 색상, 모양, 울음소리, 구애 행동이 넘쳐난다. 게다가 가장 신중하다는 동물들조차 마냥 안전하게 지내지는 못한다. 포식자들은 포식자들대로 그런 동물을 몰아세우고, 굴을 파헤치고, 상대가 살짝 모습을 드러낼 때까지 끈질기게 기다렸다가 덮치는 요령을 익혔다. 동물의 세계는 신중함을 가르쳐주는 만큼 무모함도 가르쳐준다. 그러므로 드러내지 않기의 독특한 경험이 생물학적 측면에 토대를 둔다고 보기는 어렵겠다. 동물성은 오히려 신중함과 무모함이 완벽하게 융합되는 순간이다. 신중함과 무모함이 환경에 적응하는 기술로 일체를 이루는 것이다. 이렇게 볼 때 니체가 생명의 근원적인 형태들을 기술하면서 엄밀한 의미에서의 드러내지 않기를 들먹이지 않고 기만이니 위장이니, 좀 더 낮게는 가면의 기술 운운했던 것도 일리가 있다. 자기를 숨기기도 하고 자기를 나타내기도 해야 하니까, 배경에 녹아들어가야 하고 반대로 어떤 특징들은 내세우기도 해야 하니까. 따라서 이 현장에서는 드러내지 않기가 부각되는 순간을 발견할 수는 있어도 드러내지 않기 고유의 특징은 찾지 못할 것이다. 자칫 논제 자체를 망각할 위험이 있다는 얘기다. 그러니 우리의 연구 조사를 도덕의 현장, 말 그대로 풍속의 영역에서부터 시작해보자. 위장의 본능적 형태들을 뛰어넘어, 사회 속의 공통적인 행동 수칙들부터 살펴보자는 얘기다.

까마득한 태고의 드러내지 않기: 신화의 도덕

언뜻 생각하기에도 드러내지 않기를 어떤 식으로든 권하지 않는 전통적 문화나 도덕은 찾아보기 어려울 것 같다. 물론 그 구체적인 형식들은 역사적으로나 지리적으로 한없이 다양하게 나타난다. 이쪽에서는 소리를 내지 않도록 조심하는 법을 배워야 하고, 저기서는 눈을 똑바로 쳐다보면 안 되고, 또 어떤 곳에서는 냄새를 풍기면 안 되거나 접촉을 삼가야 한다. 여기서는 어떤 장소에 모습을 드러내서는 안 되고, 저기서는 어떤 순간에 모습을 보이지 않아야 한다. 여기서는 '나와 상관없는 일'에 관심을 두지 말라고 하고, 저기서는 나와 상관있는 일인데도, 아니 나와 상관있는 일일수록 내가 나서면 안 된다고 한다. 스스로 삼가는 의미에서 몸과 머리를 천으로 가리는 곳이 있는가 하면, 호의 어린 존경을 나타내기 위해 몸과 머리를 드러내야 하는 곳도 있다. 여기서는 특정한 단어와 질문만 금지되지만 저기서는 특정한 몸짓과 자세만 금지된다. 몸을 구속하는 곳도 있고, 옷차림을 구속하는 곳도 있고, 언어를 구속하는 곳도 있다. 하지만 언제나 변함없는 형식적 요소를 발견할 수 있다. 드러내지 않기의 특정한 규칙들을 수립하지 않고서는 도덕 자체가 수립될 수 없는 듯 보인다.

일단 논리적으로 생각해봐도 그렇다. 드러내지 않기는 그 적용 대상, 장소, 시간이 뭐가 됐든 간에 애초부터 타자 혹은 세계에 어떤 여지를 내주기 위해서 자신의 드러남을 제한하는 것 아닌가? 그런 면에서 드러내지 않기는 모든 도덕성의 최소 공통분모라고 말할 수 있을 것이다.

당위, 즉 도덕에서 마땅히 그래야 하는 바는 타자의 존재를 상기하고(그 타자가 신, 이웃, 동족, 이방인, 그 무엇이든 간에) 자기가 과하게 존재해서는 안 된다는 의무에 들어간다. 반면에 진정한 의미에서 야만인, 미개인은 선악을 분별하지 못하는 인간, 과부와 고아의 학살자가 아니다. 가장 문명화되었다는 인간들조차 때로는 선악을 구별하지 못한다. 일말의 가책 없이 약자를 학살하는 문명은 널리고 널렸다. 진짜 미개인은 지나치게 자신을 드러내는 사람, 요즘 말마따나 '너무 튀는' 사람이다.

그다음으로, 드러내지 않기의 보편성을 좀 더 단순하게 경험적인 방식으로 이해할 수 있다. 본래 '분리' 혹은 '비밀에 부침'을 뜻하던 단어 '디스크레티오discretio'는 로마인들이 만들었다. 하지만 그리스인들에게는 수치심이나 염치를 뜻하는 단어 '아이도스aidos'가 있었다(이 단어는 나중에 다시 살펴볼 것이다). 유대인들에게는 조촐함이나 소박한 태도를 의미하는 '아나바anava'가 있었다. 그리스도교도들의 '모데스티아modestia'와 '후밀리타스humilitas'도 부분적으로 유대어 '아나바'에서 파생되었다. 이슬람교도들에게는 비밀스럽거나 사적인 곳을 뜻하는 '하림

harim', 정숙함이나 윗세대, 아랫세대와의 관계에서의 조심성을 뜻하는 '히크마hichma', 예의와 존중을 뜻하는 '하야haya'가 있다. 극동 지역 및 아프리카 문화권, 전 세계 문화권에서 비슷한 규칙들을 분명히 찾아볼 수 있다. 공자도 "자기 자신은 면밀히 보고 살피되 다른 사람을 보고 살필 때에는 신중히 하라"고 권고하지 않았던가? 이처럼 모든 도덕은 때로는 아주 막연하게, 때로는 대단히 명시적으로 사람과 사람 사이의 관계에서만이 아니라 신이나 자연과의 관계, 나아가 자기 자신과의 관계에서조차도 분리 혹은 거리두기가 필요하다고 주장한다. 드러내지 않기는 거의 근친상간의 금지에 비견될 만한 인류학의 불변 요소일 것이다. 구체적인 규칙은 경우에 따라 다르지만 개인의 주체성을 제한하거나 은폐하여 존재들 및 사물들 사이에 분리를 도입할 필요를 촉구한다는 점은 동일하다. 그렇지만 이 인류학적 불변 요소에도 예외가 있는 것 같다. 그 예외가 바로 현대 서구 문명이다. 실제로 현대 문명은 역사적으로 타자성과 차이를 한꺼번에 일종의 지옥으로 규정하면서—사르트르가 희곡 『닫힌 방Huis Clos』에서 "타자는 지옥이다"라고 했던 것처럼—

주체성을 전에 없이 격상시킴으로써 성립되지 않았나? 서양의 도덕에 대한 니체의 공격, 특히 그가 "도덕의 독거미"라고까지 불렀던 루소에 대한 공격에서 찾을 수 있는 여러 의미들 중 하나를 여기서 볼 수 있다. 루소는 전적인 성실성, 투명한 소규모 공동체를 꿈꾸고 극장, 가면, 모든 종류의 '재현représentation', 다시 말해 자기와 타자들 사이의 거리를 규탄함으로써 서구 의식을 오염시켰다. 게다가 푸코 역시 서양의 현대가 성性과 맺고 있는 관계에서 그러한 의미를 간파한 바 있다.[7] 푸코는 묻는다. 어째서, 어떻게 해서 우리는 이렇게까지 성에 관심을 갖게 됐을까? 어쩌다 그 어느 때보다도 성 담론이 활발하게 일어나고, 권력의 모든 조명이 성으로 쏠리며, 성에서 각자의 정체성과 결정적 진실을 찾기에 이르렀을까? 푸코는 이렇게 답한다. 이것은 고해, 고백, 가짜 과학적 조사, 생명정치bio-politique의 관심사가 장기간에 걸쳐 빚어낸 결과다. 그로써 서양인은 잘 억제된 조심스러운 동물이라기보다는 근본적으로 무분별한 동물이 되었다.

하지만 레비스트로스가 『신화학Mythologiques』 제3권 끝부분에서 펼치는 전면 공격의 의미는 훨씬 더 근본적이다.

레비스트로스는 주체에 중심을 두는 서양의 도덕(훗날의 표현을 빌리자면 "철학이 버릇을 잘못 들여 도저히 봐줄 수 없게 된 응석받이")과 "아메리카 인디언들의 신화에 내재하는 도덕"을 비교한다. 여기서 인디언 신화에 내재하는 도덕은 일종의 드러내지 않기의 도덕으로 정의될 수 있을 것이다.[8] 사실 『신화학』 3권이 'discrétion'이라는 단어로 끝나는 것도 우연이 아니다. 더욱더 결정적으로, 레비스트로스는 걸출한 문장으로 다음과 같이 말한다.

우리는 어릴 때부터 외부에서 오는 오염을 두려워하는 데 익숙하다. 반면에 미개인들은 "지옥은 우리 자신이다"라고 외치면서 겸손을 가르치니, 우리가 아직도 그 가르침을 들을 수 있다고 믿고 싶다. 이 시대는 무수한 생명의 모습을 파괴하는 데 혈안이 되어 있다. 아득한 옛날부터 다양성과 풍부함으로 더없이 눈부신 유산을 이룩했던 사회들이 그렇게나 많았건만. 신화들이 그러하듯, 제대로 된 휴머니즘이 자기 자신에서 출발하지 않는다는 것을, 그러한 휴머니즘은 생명보다 세계를, 인간보다 생명을, 자기애보다 다른 존재들에 대한 존중을 우선시한다는 것은 굳이 말할 필요조차 없었다. 이 땅에 백만 년, 2백만 년을 산다 해도 언젠가 그 삶에 끝은 있을 것이다. 따라서 오래 산다는 것은 어떤 종種에게도, 우리 인간에게조차도, 이 땅을 제 것처럼 차지하고 조심성이나 신중함 없이 굴어도 좋을 핑계가 되지 못한다.

이때 '미개인들의 철학'에서 그 같은 신중함, 즉 드러내지 않기의 오래된 도덕이 어떻게 사유되는지 짚고 가야겠다. 레비스트로스는 이 도덕을 "세계에 대한 공경"이라고 불렀다. 이 도덕은 어떤 풍습이나 실행을 '자기에 대한 위협'이라서가 아니라 '타자들에 대한 위협'이라는 이유로 금한다. "미개인들에게 예의범절은 주체의 불순함이 존재와 사물의 순수성에 미치지 못하게 하는 역할을 한다."

이 주장을 완벽하게 요약적으로 보여주는 아마존 신화군神話群이 있다. 달과 해의 카누 여행에 대한 신화들이 여기에 속한다. 이 신화들은 달과 해 사이가 적당한 거리를 찾은 덕분에 비로소 세상이 제대로 돌아가게 되었다고 이야기한다. 달에 너무 가까워지면 '눅눅한 세상', 침묵과 어둠과 습기와 냉기 어린 세상이 된다. 하지만 해에 너무 가까워졌다가는 세상이 '타버리고', 굉음, 눈뜨기조차 어려운 빛, 건조함, 지나친 열기 때문에 살기가 힘들어지는 것이다. 그래서 달과 해는 카누를 타고 늘 적절한 거리를 유지하며 여행을 해야 한다. 그런데 바로 이 여행이 드러내지 않기의 모든 의미들을 응축하고 있는 듯하다. 달과 해는 각기 뱃머리와 뱃고물에 앉아 있기 때문에 서로 얼굴을 마주볼 일이 없다(시각적인 드러내지 않기). 물고기들이 도망가면 안 되기 때문에 그들은 너무 큰 소리를 내서도 안 된다(청각적인 드러내지 않기). 카누가 뒤집힐까 봐 몸을 움직일 수도 없다(신체적인 드러내지 않기). 따라서 드러내지 않기는 어떤 순간, 어떤 관계에 한해 요구되는 것이 아니며, 특정한 도덕적 의무도 아니다. 드러내지 않기가 도덕 그 자체인 것이다.

여기서 좀 더 나아가 두 가지 의미를 덧붙일 수도 있겠다. 우선 해와 달 신화는 레비스트로스가 신화를 의식rituel과 소설에 비교하면서 신화 일반에 부여했던 기능을 완벽하게 설명한다. 세계에 대한 우리의 관계를 구성하는 대립 쌍(날것과 익힌 것, 밤과 낮, 가까움과 멂, 굉음과 침묵 등) 사이에 '거대한 간격'을 복원하는 기능 말이다. 의식이나 소설은 작은 간격들만을 대상으로 삼으며 "체험의 연속성"을 레비스트로스 말마따나 "절망적으로" 보호하려 하지만 신화는 오히려 상징적 단절을 책임진다.[9] 달리 말하자면 레비스트로스는 드러내지 않기의 수학적 의미, 즉 불연속성을 이런 식으로 지키려고 한다. 레비스트로스는 드러내지 않기가 비록 눈에 띄지 않는 몸짓과 은밀한 시선 속에서 이루어질지라도 그 의미는 거대 신화(혹은 거대 형이상학)를 통해서만 파악될 수 있음을 상기시킨다. 종교와 민족은 의식을 통해서 그러한 의미를 체화하려고 애썼지만 한없이 복잡하고 제약도 많은 의식으로는 그 의미가 파악되지 않는다.

이어서 우리가 찾게 되는 드러내지 않기의 또 다른 의미는 주기성 혹은 교대의 의미다. 달과 해는 끝없이 세상 주위를 도는 여행을 한다. 드러내지 않기의 법칙이 단번에 영원히 모습을 감추거나 세상 혹은 남들을 위해서 자신을 완전히 부정하는 데 있지 않다는 뜻이다. 그 법칙은 규칙적인 교대에 따라서 서서히 사라졌다가 다시 서서히 나타나는 법을 배우는 데 있다. 드러내지 않기는 자기에 대한 증오, '죽음을 배우는' 징표가 아니라 세상을 사랑하고 세상의 무한한 순환 주기들의 영생에 참여한다는 징표다.

이상의 이유들로 우리의 연구에는 루소주의자 레비스트로스가 니체와 푸코보다 더 중요한 인물이라고 할 수 있다. 하지만 무엇보다 레비스트로스는 더 급진적이었고 더 멀리까지 미치는 가르침을 주었다. 니체가 현대의 무분별을 비판했던 이유는 그가 고대 그리스인들, 가면과 사라져가는 겉모습의 세계에 향수를 느꼈기 때문이다. 푸코가—이 경우에는 비록 본인도 인정하지만—『쾌락의 활용L'Usage des plaisirs』에서 고대 그리스인들에게서 "다르게 생각하기"를 찾으려 했으나 실패한 것과 마찬가지다. 그런데 그리스인들이 드러내지 않기에 대해서 사유를 하기는 했을까? 그들이 사유했다는 것이 확실할까? 레비스트로스가 넌지시 암시하는 바에 따르면 서구 문명은 거의 전부, 심지어 그 문명의 옛 뿌리들까지도, 주체에 지나치게 매달린 탓에 "세계에 대한 진정한 공경"의 의미를 파악할 수 없었다. 그렇기 때문에 드러내지 않기에 대한 올바른 이해를 위해 서구 정신이 자연스럽게 찾아갈 법한 곳, 즉 그리스 철학자들의 윤리라든가 중세 및 고전주의 시대 궁정사회의 예법 따위에서는 그 답을 구할 수 없을 것이다.

고대인들의 수치심과 조심성

언뜻 생각하기에 우리는 니체가 말하는 "잠깐 확 타오르다 마는 허영심의 비위를 맞추는 영원한 서커스"를 더는 참을 수 없을 때, 특히 일상을 오염시키는 경제, 정치, 미디어의 흥행사를 더는 봐주기 힘들 때, 그리스인들의 도덕으로 시선을 돌리는 경향이 있는 듯하다. 특히 그리스 도덕은 우리가 깔때기에 빨려들듯 세파에 휩쓸리지 않도록 명백하고도 대칭적인 두 가지 형태의 드러내지 않기를 전해주었다. 우선 에피쿠로스 학파의 지혜가 있다. 어떤 면에서 이 지혜는 에피쿠로스의 유일한 명령 "네 삶을 감추어라"로 요약될 수 있겠다. "네 삶을 감추어라"는 공동체로부터의 격리, 즉 도시국가의 일과 속인들의 소란에서 벗어난 은둔자의 삶을 뜻한다. '너는 네 정원에 틀어박혀 선택받은 몇몇 벗들과 자연스럽고 소박한 즐거움을 누려라. 화려한 과시와 속된 영광을 버려라' 정도가 되겠다. 한편, 스토아 학파의 지혜는 드러내지 않기에 한하여 아파테이아apatheia에 도달하라는 에픽테토스의 명령으로 요약할 수 있다. 아파테이아는 자신이 좌우할 수 없는 모든 것, 특히 이 세상의 모든 '거짓 선'에 대한 무관심을 뜻한다. 관능적 쾌락, 명예, 돈이 다 그런 거짓된 선이다. 이 명령은 겉으로 보기에는 드러내지 않기와 전혀 별개인 듯하다. 홀로, 혹은 각별한 벗하고만 어울리며 조용히 은둔하라는 말이 아니라 속세 안에서 마음을 단단히 먹고 흔들림 없이 살아가라는 말 아닌가. 하지만 속세에서 노예가 됐든 황제가 됐든 자연이 그렇게 결정했으니 '자기 일에나 본분을 다하되' 속세에서 자기 정체성을 찾아서는 안 된다. 오히려 마르쿠스 아우렐리우스의 말대로 끊임없이 "내면의 성채"로 피신해야 한다. 내면의 성채란 표상들의 장이다. 그 표상들은 나 자신에게 달려 있으므로 그 장에 무엇이 어떻게 들어올지는 자기가 자유로이 결정할 수 있다. 혹은, 세네카처럼 모두에게 자신의 진정한 본성을 숨긴 채 훌륭한 배우로서 사회적 세상의 희비극을 연기하기로 작정할 수도 있다.

타자의 시선에서 벗어나는 이 두 가지 형태의 은둔, 정원에 틀어박히는 은둔과 자기 자신 안에 틀어박히는 은둔, 전자가 고독한 자의 도덕이라면 후자는 배우의 도덕이다. 하지만 이 두 모습은 동일한 도덕의 앞면과 뒷면인 셈이며, 그 도덕은 드러내지 않기의 의미와 별 상관이 없다. 이렇게 말하는 데에는 최소한 세 가지 이유가 있다.

첫째, 이 도덕은 순전히 통찰력 있는 이기심만을 근거로 삼는다. 에피쿠로스주의자가 영예와 향락을 등지고 자기 정원에 틀어박히는 이유는 순전히 자기 행복을 생각해서다. 스토아주의자가 '세계시민' 혹은 '자연에 대한 동의'로서 살아가는 이유 또한 자기 행복을 위해서다. 세네카는 그렇게 살아감으로써 우리가 신과 대등해진다고 하지 않았는가. 여기에는 사실 세계에 대한 공경도, 타자에게 자리를 내주려는 바람도 없다. 그저 거추장스러운 것을 다 치워버리고 싶다는 욕망이 있을 뿐이다. 에피쿠로스주의자는 어차피 망하게 마련인 우발적 세상에 대해서 고민하고 신경써 봤자 미친 짓이니 집어치우자는 거고, 스토아주의자는 자연의 필연과 맞서 세상을 바꾸려 해 봤자 미친 짓이니 집어치우자는 거다. 그들은 오히려 그들 자신으로 가득 차 있기 때문에 타인의 시선으로부터 물러나려 한다. 그리고 여기서 두 번째 이유도 따라

나온다. 드러내지 않기는 자기가 물러나고, 모습을 보이지 않고, 잠시나마 사라져줌으로써 타자가 나타나게 하고, 잠시 자기이기를 그치는 데서 느끼는 역설적인 기쁨의 경험이다. 그런데 에피쿠로스주의와 스토아주의는 더욱더 고양되고 더욱더 충만한 자기의 현존을 약속한다. 자기가 사라지는 철학이 아니라 자기가 한껏 더 높아져서 나타나는 철학이다. 에피쿠로스의 정원과 마르쿠스 아우렐리우스의 내면의 성채는 근본적으로 은밀하지 않은 곳, 완전히 투명한 곳이다. 그곳에는 비밀도 없고 신비도 없다. 마지막 이유를 들자면, 그러한 도덕은 통찰력 있는 이기심과 자기 자신에게 투명하게 살아가기를 바라는 마음을 근거로 삼기 때문에 사실은 드러내지 않기와 별개의 미덕, 즉 아이도스(수치심)와 정치적 의미에서의 프로네시스(조심성)를 끌어들인다.

그리스 사상을 거슬러 올라가 플라톤과 아리스토텔레스에 이르면 이 점을 좀 더 이해하기 쉬워진다. 당시에는 수치심과 조심성이라는 두 단어가 드러내지 않기가 뜻하는 바와 일치할 수도 있는 위치에 있었다. 일단 수치심, 소박함, 유보적인 태도, 염치 등으로 번역되는 그리스어 '아이도스'는 사람들 앞에서 잘못을 저지르기 부끄러워하는 마음을 뜻한다. 한편 조심성, 절도, 명민함, 실생활에서의 지혜 등으로 번역되는 '프로네시스phronésis'는 불확실한 행동들 속에서 '알맞은 중간'을 규정하는 자질, 특히 아리스토텔레스가 말하는 중용을 가리킨다(이런 면에서도 프로네시스는 완전히 실천적인 미덕이다). 하지만 좀 더 자세히 살펴보면 아이도스와 프로네시스가 우리가 오늘날 드러내지 않기라고 부르는 경험과는 거의 정반대의 경험들을 나타낸다는 점을 거듭 확인할 수 있다.

플라톤이 대화편 『프로타고라스Protagoras』의 도입부(320c-322d)에서 전하는 프로타고라스의 신화에 따르면, 아이도스는 제우스가 인류의 보전을 생각해서 건네준 선물이다. 그 신화를 좀 더 살펴보자. 원래 에피메테우스와 프로메테우스는 모든 생명체에게 다양한 능력을 공평하게 나누어줄 임무를 신들에게 위임받았다. 그들은 어떤 동물에게는 힘을 주되 민첩함은 주지 않고, 또 다른 동물에게는 민첩함을 주되 힘은 주지 않는 식으로 임무를 수행했다. 그런데 에피메테우스가 인간을 깜박 잊어버리는 바람에 인간은 "맨몸에, 맨발에, 덮을 것도 없고, 무기도 없는 꼴로" 남고 말았다. 프로메테우스는 인간을 구제하려고 신들에게서 불을 훔쳐다가 인간에게 주었다. 그러나 불만 가지고서는 인간이 흉포한 동물들과의 생존경쟁에서 살아남기란 어림없었다. 이때 제우스가 나서서 헤르메스를 통하여 인간에게 '정치적 앎'을 선사한다. 이 앎은 서로 대칭적인 두 가지 덕으로 이루어지는데, 그중 '아이도스'가 사람들이 준수하는 것으로서의 정치적 법이라면 디케dike는 규정되는 것으로서의 정치적 법이다. 제우스는 이 두 미덕을 어기는 인간은 누구든 죽음에 처하라고 엄명을 내린다.

그런데 이 신화에서 드러내지 않기와 비슷한 것은 무엇 하나 찾아볼 수 없다. 신화 속에서 아이도스는 그악스러운 생존 투쟁에서 자신의 안녕, 나아가 자기의 우위를 담보하는 무기다. 반면, 드러내지 않기는 오히려 그같은 투쟁에 지친 나머지 최소한 잠시나마 게임에서 빠지고 싶어 하는 이들의 속성 아닐까? 아이도스는 정의의 이면, 다시 말해 모두에게 적용되는 공통 규칙(용기, 연대, 절제 등의 규칙)을 자기 내면에서 느끼는 능력일 것이다. 반대로 드러내지 않기는 모습을 드러내느냐 마느냐에는 공통 규칙이 있을 수 없다는 의식에서 나오지 않는가? 수시로 역할을 맞바꿔야 하더라도, 누군가가 물러나야 또 누군가가 드러나게 마련이라는 의식 말이다. 뿐만 아니라 드러내지 않기는 이따금 정의와 판단의 범주를 벗어나도 좋다는 경험, 시선이나 판단이 끼어들지 않는 비밀 지대를 타자에게 내어줄 수 있듯이 더러는 내가 공통 규칙에서 벗어나보는 것도 좋다는 경험 아닌가? 여기서 아이도스는 완전히 정치적이라고 해도 과언이 아닌 미덕, 공동체에 대한 소속의 표명에 해당하는 미덕이다. 그런데 드러내지 않기는 블랑쇼가 『밝힐 수 없는 공동체 *La Communauté inavouable*』에서 말했듯이 오히려 '공동체 없는 이들의 공동체'가 지니는 속성 아닐까? 게다가 드러내지 않기란 무엇보다 자신이 참여하기 원치 않는 정치 체제, 특히 전체주의 국가에서 살아가는 사람들의 태도 아닌가? 사실 아이도스에 부적절하다고 추정될 수 있는 모든 것을 죽음에 처하라는 명령에는 위협의 파토스가 있다. 가장 흉악한 독재 체제들이 아니고서야 사람을 분별없다는 이유로 사형에 처할 수는 없다. 무분별한 사람에게는 적당히 냉담하게 반응하든가, 조용히 해달라고 하든가,

상관없는 일에 끼어들지 말라고 일침하면 되는 거다.

그리스 고전 철학 시대의 아이도스와 오늘날 우리가 말하는 드러내지 않기 사이의 간극은 다른 텍스트들에서 더욱 분명히 드러난다. 가령 『에우튀프론*Euthyphron*』에서 소크라테스는 아이도스를 두려움의 일부로 정의했다.[10] 아리스토텔레스는 『니코마코스 윤리학*Ethica Nicomachea*』에서 아이도스를 "자기의 잘못된 견해를 드러내지 않으려는 일종의 두려움"이라고 정의했다. 바로 이러한 이유에서 아리스토텔레스는 바로 앞에서 아이도스가 미덕이나 품성 상태가 아니라 오히려 감정에 더 가깝게 보인다고 말한다. 그리고 같은 이유에서 아이도스는 모든 연령층에 어울리는 것이 아니라 젊은이들에게 어울린다고 바로 뒤에서 말한다. 아이도스는 젊은 날의 과오를 제어해주지만 이미 연륜과 덕을 쌓은 사람, 잘못된 일을 저지르지 않기 때문에 부끄러움을 느낄 일도 없는 사람에게는 어울리지 않는다.[11] 그런데 여기까지 살펴보고 나면 그리스적인 아이도스의 경험과 오늘날의 드러내지 않기의 경험은 단순히 좀 차이가 있는 게 아니라 아예 대척점에 있다는 생각이 든다. 드러내지 않기는 자신의 대외적인 이미지에 마음을 쓰지 않기 때문에 되레 두려움이나 부끄러움을 느끼지 않는 것이다. 아리스토텔레스 식으로 말하자면 아이도스를 느끼지 않는 사람이라는 뜻이다. 그렇기 때문에 어느 정도 나이가 있는 사람에게는 아이도스의 경험이 부적절하지는 않되 꼭 어울린다고 말할 수도 없다. 연륜 있는 사람은 젊음의 혈기, 그 무구한 힘에 다소 여지를 내주면서도 멋지게 자기주장을 펼 줄 안다.

아리스토텔레스 윤리학의 중심 개념인 프로네시스, 즉 조심성에 대해서도 같은 이야기를 할 수 있다. 물론 아리스토텔레스는 이 덕을 "자신에게 좋은 것, 유익한 것들과 관련하여 잘 숙고하고 행동하는 성향"으로 정의했다.* 그런데 이 '잘 숙고함' 혹은 중용에서 아메리카 원주민들의 드러내지 않기와 일치하는 '적절한 거리의 도덕'을 재발견할 수 있지 않을까? 아니, 전혀 그렇지 않다. 왜냐하면 이 '잘 숙고함'이 '자기 안에 관련이 있어야 하기' 때문이다. 아니, '순전히' 자기에게만 관련이 있어야 한다고 말

---

* 아리스토텔레스, 『니코마코스 윤리학』, 이창우 외 옮김, 이제이북스, p. 210.
원전 번역에서는 프로네시스가 '실천적 지혜'로 번역되어 있음을 알려둔다.

해도 좋겠다. 그러한 숙고는 사악한 자기 이미지들(비겁함, 무모함 등)과 선한 자기 이미지(이 경우에는 용기가 되겠다) 사이에서의 암중모색일 뿐이다. 따라서 프로네시스는 타자나 사물에 대한 거리, 외부에 대한 관심이나 배려가 전혀 아니다. 이런 의미에서 '조심성 있는 자phronimos', 아리스토텔레스 철학에서 덕을 끼치는 자가 결과적으로는 오늘날의 드러내지 않기와 비슷한 행태를 취할 수 있을 것이다. 마치 의사나 전술가가 수술을 하거나 공격에 돌입하기 '좋은 때kairos'가 보이지 않으면 개입을 삼가고 물러나 앉아 있는 것처럼 말이다. 그러나 결과는 비슷할지라도 프로네시스와 드러내지 않기는 전혀 다른 이유에서 그렇게 행동한다. 프로네시스에는 계산과 이익이라는 이유가 있다. 좋은 때, 결정적 기회를 잡겠다는 이유가 있다. 하지만 드러내지 않기는 근본적으로 시의적절하지 않은 순간들, 다시 말해, 생의 나머지 부분을 위해서는 타당하지도 않고 결정적이지도 않은 순간들에도 발휘된다(이 순간들은 그 자체로서만 가치가 있다). 그런 순간에 드러내지 않기는 합리적이고 효력 있는 숙고에서 벗어나 삶의 감미로움만을 맛보기 위해서 아무 계산 없이 자신의 이익이고 뭐고 깡그리 잊는다. 이보다 더 큰 간극이 어디 있을까.

　고대 철학 텍스트들은 이처럼 드러내지 않기를 생각할 여지를 전혀 주지 않는 듯하다. 상반된 듯 보이는 두 가지 이유, 그러나 결국은 동일한 이유에서 그렇다. 우선 헬레니즘 철학 사조들(알렉산드리아 및 로마제국 시대의 철학들)에 있어서 드러내지 않기는 세계에서 벗어나(설령 세계를 무조건 받아들이는 형태라고 해도) 자기 안으로 피신하는(세계 속에서 무력하고 알맹이 없는 배우가 되는 식이라 해도) 비정치주의였다. 이건 세계와 타자에 대한 관심으로서의 드러내지 않기와 근본적으로 상반된다. 다른 한편으로, 그리스 고전 철학, 즉 플라톤과 아리스토텔레스에게서 수치심과 드러내지 않기는 타자와 세계에 대한 도덕적 사려와 전혀 무관하게 오로지 정치적인 면에서만 사유되었는데, 이 또한 드러내지 않기와는 완전히 대치되는 것이다. 하지만 헬레니즘 철학자들에서나 고전 철학자들에게서나 결국은 동일한 한계일지도 모른다. 그리스 철학자들은 다소 정치적일지라도 사적인 도덕과 개인적인 삶에 여지를 주면서도 공적인 정치 사이의 최소한의 변증법을 결코 상상할 수 없었기 때문이다. 그들은 플라톤과 아리스토텔레스처럼 모든 것을 공적 공동체의 안위의 문제로 돌리든가, 아니면 에피쿠로스주의자나 스토아주의자처럼 모든 것을 개인적 구원의 문제로 돌렸다. 그들은 드러내지 않기가 만들어내는 중간 지점을 생각할 수가 없었다. 도덕적 미덕인 동시에 공적 전복이요, 공동체로부터의 후퇴이자 세상의 수호인 드러내지 않기를.

이러한 관점에서 디오게네스는 매우 참되고 순수한 그리스 철학자다. 디오게네스가 다른 모든 진리들의 진리, '파레시아parrhesia'라는 이름의 진리를 말했기 때문이다. 파레시아는 '진실을 말하는 용기'를 뜻한다. 그러한 용기는 사실상 근본적으로 무모한 용기, 더없이 도발적이고 뻔뻔한 용기다. 디오게네스는 광장에서 자위행위를 했고, 썩은 생선을 질질 끌고 다녔으며, 반쯤 벌거벗은 채 통 속에서 살았고, "사람을 찾습니다"라고 외치면서 백주 대낮에 등불을 들고 다니기도 했다. 디오게네스는 철학적 몰지각을 가장 완벽하게 구현한 인물이다. 그리고 어떤 의미에서 디오게네스의 위력은 독창적이거나 세련된 무엇인가를 만들어낸 데 있지 않고 그 시대의 철학자들의 토대를 개괄적으로 보여준 데 있다고 했던 푸코의 말은 참으로 일리가 있다. 디오게네스는 당대의 모든 철학을 가장 간결한 공통의 신조로 응축해서 철학자들의 면전에 도로 뱉어놓았다. 요컨대 철학은 파레시아, '진실을 말하는 용기', 모든 겸손, 수치심, 후퇴, 유예에 구역질하는 용기다. 철학은 아무것도 감추지 않고 싹 다 벌거벗기는 용기다.[12] 공적인 삶의 차원에서나 개인적 삶의 차원에서나 자기 자신에 대한 기만에 넘어가지 않겠다는 이 기세는 분명히 감탄할 만한 모습, 우리가 왜 그렇게 그리스 철학을 사랑하는지 설명해주는 모습이다. 그러나 왜 그리스 철학에서 드러내지 않기의 진실을 배울 생각을 해서는 안 되는지도 역시 분명하게 알 수 있다. 드러내지 않기의 정신이 자기기만, 자기 좋을 대로의 해석, 허위를 저지르기 때문에 모든 그리스 철학자들이 외면했던 게 아니다. 드러내지 않기는 그러한 강박관념을 초월했기 때문에, 그런 집착의 대상이 아니기 때문에 외면당했을 뿐이다. 드러내지 않기는 그리스 철학자들이 세계 혹은 타자와 맺는 관계에서 아무것도 배울 수 없다. 어차피 그들은 늘 그런 관계를 대수롭게 여기지 않았다. 그러니 우리의 조사를 다른 곳에서 계속 이어나가자.

드러내지 않기는 궁정인의 자질인가?

드러내지 않기라는 현대의 경험이 그리스 철학의 토양에서 태어나지 않았다면 과연 어느 땅에서 태어났을까? 상식적으로 생각하면 이렇다. 서민들은 목소리가 크고 말이 많은 데다가 다닥다닥 붙어산다. 그들은 염치나 거리낌을 모르고, 자기를 숨기거나 침묵을 지킬 줄도 모르며, 다른 사람들(여성, 이방인, 일반적으로 소수에 해당하는 사람들)을 세련되게 상대할 줄 모른다. 신중한 사람들 하면 단연 신사들 아니겠는가. 신사들은 드러내지 않기를 만들어낸 장본인이다. 따라서 오늘날 서민들도 웬만큼 품행이나 몸가짐, 정중한 태도를 챙기는 까닭은 귀족 정신이 자기네 생활 규범을 차츰 일반인들의 의식 구조에까지 퍼뜨려왔기 때문이다. 그런데 잠깐, 상식적으로 정반대 생각도 가능하다. 드러내지 않기는 입을 다물 줄 알고 제자리를 지킬 줄 아는 서민들에게 있다. 서민은 자기 몫 이상을 바라지 않고, 자기과시와 염탐을 일삼아가며 왕이나 권력자 눈에 들기만을 바라는 썩어빠진 권력의 패

거리들과 거리를 둔다. 자, 이 두 가지 생각 중 어느 쪽을 믿어야 할까?

어떤 면에서 노르베르트 엘리아스가 만들어낸 '문명화 과정' 개념의 위력과 독창성은 위의 두 생각이 결합될 수 있으며 꼭 모순되지만도 않는다는 것을 입증한 데 있다.[13] 실제로 엘리아스의 논지는 다음과 같다. 12세기부터 프랑스와 유럽에서 시작되었던 이중적인 문명화 과정은 이중의 역학을 통하여 사람들 사이의 관계를 평화롭게 안정시켰다. 궁정사회에서는 예의범절의 형식을 지극히 일상적인 행위에까지 확대하려는 새로운 사회 규범들이 나타났다('말을 많이 하지 마라', '식탁에 팔꿈치를 올려놓지 마라', '남들이 보는 데서 침을 뱉거나 코를 풀지 마라', '아무도 없는 데서 용변을 해결하고 그런 일은 화제로 삼지 마라', '성관계를 숨겨라' 등 등). 다시 말해 '풍속의 문명화' 혹은 '행동방식의 문명화'가 이루어진 것이다. 다른 한편으로 이 규범들 전체는 내면화 혹은 집단의 '초자아화surmoïsation'에 의해서 사회 전체로 확산되었다. 이는 곧 '자발적인 충동의 체계'를 억압하고 '수치심과 거리낌'의 문턱을 점점 더 높이는 것이다. 엘리아스는 『궁정사회Die höfische Gesellschaft』에서 이 과정을 '궁정화'라고 불렀다. 좁은 의미에서의 궁정화는 유일 군주가 적법한 폭력과 세금을 거둬들일 권리를 독점화하는 동시에 지방 귀족들을 통해서 궁정사회의 '처세' 규칙을 전파하는 과정이다. 반면 넓은 의미에서의 궁정화는 궁정사회 고유의 규칙들이 동심원들을 통해서 사회 전반으로 확장되는 것을 뜻한다.

그렇지만 귀족들이 원래 '가장 문명화된' 부류였기 때문에 이러한 문명화 혹은 궁정화 과정이 수세기에 걸쳐 유럽에서 진행된 것은 아니다. 어떤 면에서는 오히려 정반대로 봐야 한다. 귀족들은 철저하게 전사 특유의 정서에 입각해 있었기 때문에 힘을 숭상하고 거칠게 행동했다. 따라서 행동방식의 문명화는 폭력성을 박탈당하고 권력과 멀어지지 않으려면 달리 행동해야 한다는 제약에 시달렸던 지배계급 내부의 혹독한 투쟁에서 나왔다. 문명화 과정이 점차 확장되면서 약해지기는커녕 더욱더 강화되는 경향을 보였던 이유도 그 때문이다. 가령 18세기에 탄생한 부르주아 중간 계급은 이전 시대 귀족들이 집필한 궁정예법서나 예절론을 부도덕하고 추잡스럽다고 여겼다(에라스무스나 슈발리에 드 메레, 발타자르 그라시안 같은 사람들이 그런 예절론을 썼다). 따라서 '궁정'의 형식들에 가까워질수록, 다른 식으로 말하면 권력의 '중심'으로 다가갈수록 극도로 세세한 드러내지 않기의 양식과 예기치 않게 무분별하고 상스러운 모습 양쪽 모두를 만나게 된다.

노르베르트 엘리아스를 맹목적인 상호화합주의라고 비판할 수도 있다. 제1차 세계대전의 참혹한 폭력성을 겪고(이 전쟁에서 엘리아스는 극심한 상처를 입었다), 게다가 (그를 망명길에 오르게 할) 제2차 세계대전이 고개를 들던 시기에 어떻게 단 한순간이라도 유럽 사회들의 문명화와 평화를 믿을 수 있었단 말인가? 하지만 그러한 비판은 우리에게 완전히 근거 없는 것으로 보인다. 노르베르트 엘리아스는 프로이트를 잘 아는 사람으로서 무제한적이고 자기강화적인 초자아화 과정이 행복한 결말을 가져다줄 수 없다는 것을 결코 모르지 않았다. 우리에게는 오히려 엘리아스가 말하는 정중함, 거리낌, 염치가 우리가 지금까지 고찰한 드러내지 않기의 경험과 별 상관이 없다는 게 문제다. 정중함이란 무엇인가? 끝없는 차별화의 과정, 자기를 나타냄으로써 권력의 부스러기를 주워 먹는 기술을 갈고닦는 것, 요컨대 드러내지 않기의 반대다. 엘리아스가 말하는 '염치'는 무엇인가? "사회적 강등 혹은 다른 사람의 우위성을 드러내는 행동 앞에서 느끼는 일종의 공포", 다시 말해 아리스토텔레스가 정의하는 아이도스와 거의 동일한 뜻으로 봐도 좋을 단어다. 앞에서 보았지만 아이도스는 드러내지 않기와 정반대다. 엘리아스는 "거북한 감정"이라는 표현으로 무엇을 가리키는가? "다른 사람이 초자아가 상기시키는 금기들을 위반하거나 위반하려고 할 때 일어나는 불쾌한 감정이나 두려움", 즉 드러내지 않기의 경험이 차단하는 바로 그 감정이다. 좀 더 넓게 보아, '문명화된 사회'라는 게 도대체 뭘까? 사람들이 "상호 관찰을 습관으로 삼는" 사회, 다시 말해 애초에 뿌리부터 드러내지 않기와는 거리가 먼 세계다.

따라서 드러내지 않기라는 경험의 고유한 토양을 찾으려는 우리의 노력은 한 발짝도 진전하지 못했다. 엘리아스가 연구 대상으로 삼았던 예법서 중 한 권, 어떤 면에서는 가장 유명한 축에 드는 책을 예로 들어 그 점을 입증할 수도 있다. 발타자르 그라시안의 『실천적 지혜의 기술에 대한 개괄적 고견 *Oráculo Manual y Arte de Prudentia*』의 프랑스판 번역본은 '궁정인*L'Homme de Cour*'이라는 제목을 달고 있다. 이 책은 17세기, 18세기에 몇 번이나 재출간 될 만큼 큰 인기를 끌었다. 사실 언뜻 보기에 이 '실천적 지혜'의 기술은 순전히 드러내지 않기의 기술처럼 읽힌 다. "남에게 거절할 줄 아는 것이 인생의 큰 수완이라면 자기 자신, 일이나 인간관계를 두고 스스로에게 거절할 줄 아는 게 더욱 큰 수완이다."(단상 33) 그라시안은 이렇 게 이른다. 처음에는 이보다 더 명확하게 드러내지 않기 를 당부할 수 없을 것 같다. 그가 "내버려두는 기술"(단상 138)이라고 부르는 것을 보라. "사람들의 대화에 폭풍우 가 일 때가 있고 감정에 돌풍이 몰아칠 때가 있다. 그런 때에는 항구에서 물러나 다 지나갈 때까지 피해 있는 것 이 현명하다." "좀 더 완벽을 기하고 가식적인 태도를 덜 어내라. 그러한 태도가 곧잘 최고의 미녀들을 망친다."(단 상 123) 그런데 가식, 즉 과장이나 부자연스러움은 사실상 드러내지 않기의 반의어에 해당한다. 그라시안이 현명하 게 조언하는 바, "언제 어느 때고 가장 좋은 옷을 차려 입 어서는 안 된다. 자기가 지나치게 특별해지는 것은 남들 을 규탄하는 것과 다르지 않다."(단상 275) 이 "언제 어느 때고"를 특히 마음에 두어야 한다. 본래 드러내지 않기는 멋지게 보이고 싶어 하는 사람들을 규탄하지 않되 항상 눈에 띄려 안달하는 사람들에게—일단 자기 자신부터 시작해서—싫증을 내니까.

이런 식으로 그라시안의 책을 계속 읽어나가면서 여기 저기 흩어져 있는 드러내지 않기의 모든 특징들을 실질적으로 그러모을 수 있다. 하지만 이게 정말 드러내지 않기의 고유한 경험일까? "거리를 둘 줄 알아야" 하는 이유는 "예의에 어긋남이 조금도 없어야" 하기 때문이다. "피난처로 물러날 줄 알아야" 하는 이유는 괜한 불똥이 튈까 봐서다. 진정으로 드러나지 않게 군다기보다는, 조심하는 편이 현명하니까 그렇게 하는 거다. 가식을 삼가야 할 이유는 모든 사람의 호의를 누리기 위해서다. 요컨대, 사랑하기 위해서가 아니라 사랑받기 위함이다. "거대한 비밀"을 지켜야 하는 이유는 "거대한 의도"를 감추기 위해서다. "신용을 잘 쌓아야 하는" 이유는 나중에 "명성을 써먹을 권리"를 얻기 위해서다. 그라시안이 기술하는 드러내지 않기의 모습들은 이렇듯 그 자체의 고유한 가치가 없는 듯하다. 그 모습들은 전혀 다른 목표들을 겨냥한 수단들에 불과하다. 관례에 대한 복종, 위험이 있을 경우

자기 이익을 보존하는 자세, 세상에서 성공한다는 만족감 아닌가. 사실 그라시안의 드러내지 않기의 기술은 우리의 경험과는 아무 관계도 없다. 그러한 드러내지 않기는 귀족주의적인 조심성과 자기과시의 기술에 동원되는 마키아벨리적 권모술수의 혼합물에 불과하다. 단상 130에서 그라시안 자신도 그 점을 분명히 인정한다. "사물은 본연의 모습이 아니라 보이는 모습으로 통하는 법이다. 가치가 있으면서 그 점을 보여줄 줄 안다면 그 가치는 두 배가 된다. 눈에 보이지 않으면 마치 존재하지 않는 것과 같다." 그가 이 사실을 기꺼워하는지 마뜩잖게 여기는지는 확실치 않지만 이 사실을 받아들일 뿐 다른 대안을 생각지 않는다는 점은 확실하다.

따라서 서구 사회의 드러내지 않기라는 경험의 뿌리들이 뻗어나가기에는 귀족사회의 토양도 그리스 철학의 토양만큼이나 부적절하다. 그렇다면 드러내지 않기의 토양은 무엇일까? 최소한 우리 중 일부라도 레비스트로스의 '미개인들'처럼 사유하고 살아갈 수 있도록 할 근간은 무엇일까?

드러내지 않기에 대한 계보학적 연구

엘리에셀의 제자는 라비 메이르였는데, 이 라비의 믿음이 얼마나 큰지 자유사상가의 가르침은 그에게 아무런 해도 끼치지 못했다. 그는 이 말을 하면서 호두 알맹이를 먹고 껍데기는 버렸다.

_카프카, 『카프카의 일기』, 1911년 10월 28일

신중하게 보이지만 신중치 못한 방식들이 얼마나 많은가. 여론에 대한 두려움 때문에, 점잖음의 일반 규칙에 맹목적으로 복종하는 탓에, 조심성이나 책략이나 계산을 좇다 보니 겉으로는 신중하게 보일 수도 있다. 자신의 사회적 이미지를 끌어올리기 위해서, 그 이미지에 부족

한 우아함이나 정중함을 살짝 더하기 위해서, 요컨대 나르시시즘을 갈고닦느라 드러내지 않는 듯한 모습을 취할 수도 있다. 남들이 나를 욕망하게 만들기 위해서, 즉 유혹의 감각을 날카롭게 벼리느라 신중하게 보일 수도 있다. 하지만 그렇다면 어떻게 드러내지 않기의 고유의 경험이 이 모든 도구화, 종속화, 그리고 (우리의 전반적인 가설인) 본성의 변질을 극복하고 떠오르거나 살아남을 수 있었을까? '고유의' 경험이란 적어도 이 세 가지를 뜻한다. 첫째, 내적인 경험으로서 외적인 동기나 계산에 좌우되지 않는다. 둘째, 그 자체로 가치 있는 경험이기에 공포는 되레 기쁨이 되고 불안은 평안이 되며 복종은 자유가 된다. 셋째, 우리가 경험을 빚어낸다기보다는 경험이 우리를 만든다. 외부에서부터 우리를 사로잡고, 모든 개인적인 예측과 기대를 애초에 뛰어넘어버리는 경험인 것이다. 그러한 경험은 리네롤 연구실을 거의 떠난 적 없었던 민족학자 레비스트로스의 한낱 꿈일까? 아니면 역사적으로나 사실적으로나 분명히 도래했던 경험일까?

레비스트로스의 말을 다시 한 번 들어보자. 서양인이라면 레비스트로스가 하는 말에서 일종의 세속화된 장세니즘*을 감지하지 않을 수 없다. "세계를 생명보다, 생명을 인간보다 우선시한다." "주체의 불순함이 존재와 사물의 순수성에 미치지 못하게 한다." 마찬가지 맥락에서 우리가 처음부터 지하세계의 길잡이로 삼았던 카프카에게도 다시 귀를 기울여보자. 카프카는 겸손을 이렇게 옹호한다. "모든 인간에게, 고독 속에서 절망하는 인간에게조차도, 겸손은 이웃과의 가장 건실한 관계를 제공한다. 게다가 겸손이 시종일관 완전하다면 그러한 관계는 즉각적으로 주어진다. 겸손은 진정한 기도의 언어요, 강력한 소통인 동시에 경배이기 때문이다. 이웃과의 관계는 기도와의 관계, 자기 자신과의 관계는 목적 추구의 관계다. 목적을 좇는 데 필요한 힘은 기도에서 찾게 될 것이다."[14] 어떻게 이 글에서 "슬기로운 사람은 분수를 차린다"는 성경 말씀의 울림을 느끼지 않을 수 있을까? 우리는 이 글에서 드러내지 않기를 사유하면서 앞에서 이미 그 중요

---

* 얀센(장세니우스)의 가르침에 따르는 그리스도교 신앙 운동으로 17, 18세기 프랑스 사회에 큰 영향을 미쳤다. 신의 전적인 은총과 인간의 무력함을 강조하며 도덕적으로 매우 엄격한 입장을 나타낸다.

성을 지적한 바 있는 보들레르의 목소리를 떠오려볼 수 있다. 『벌거벗은 내 마음*Mon cœur mis à nu*』에서 "대도시의 종교적인 취기"를 말할 때, 혹은 『소小산문시집』에서 "예기치 않게 나타나는 것, 지나가는 낯모르는 이에게 자신을 완전히 내주는 영혼의 거룩한 매춘, 시정詩情과 자선"을 말할 때의 목소리를.[15] 17세기 신비주의 우화를 재탕하면서 경의와 조소를 함께 담아내고 있다는 생각을 어떻게 하지 않을 수 있을까? 모리스 블랑쇼의 전작全作을 연구하는 사람이라면 그 답이 더욱 명명백백하게 보일 것이다. 블랑쇼는 문학을 사라짐의 경험, "일단 완성된 작품은 자신의 폐기, 사라짐, 변절, 죽음만을 입증하기 때문에" 저자의 존재를 거부하는 경험으로서 사유했던 위대한 사상가다. 이 같은 사라짐에 대한 요청 속에서 우리는 블랑쇼가 『무한한 대화*L'Entretien infini*』에서 썼듯이 "지고의 확실성에 대한 지고의 불확실성, 부재하는 신의 현존"을 느끼지 않을 수 없다.

드러내지 않기를 사유했던 현대의 무신론자 사상가들은 경우를 막론하고 각자 방식이 다를지언정 모두들 다소간 이미 확립된 종교적 토대, 특히 일신론의 토대에서 그 사유를 발전시켰다(서양 문화는 어쩔 수 없다).[16] 그렇다면 이 지점을 살펴봐야 하지 않을까? 일신교가 출현하지 않았더라면, 특히 유대교와 그리스도교가 없었더라면 서양의 사유는 아메리카 원주민들의 오래된 신화에서 엿볼 수 있는 드러내지 않기를 경험하지 못했을 거라고 인정해야 하지 않을까? 물론 이 질문에 상세하게 답하려면 신학자들과 종교역사가들이 대대적으로 동원되어야 할 것이다. 따라서 우리는 부족한 지식으로 중요한 몇몇 순간들을 짚고 넘어가는 수준에 만족할 것이다. 그러한 순간들 속에서 드러내지 않기라는 경험의 형태들은 그리스적 토대에서 출발한 듯 보이지만ㅡ고대 그리스인들 없이는 서양과 근동 지방의 철학 자체가 성립하지 않았겠기에ㅡ항상 그 토대를 비켜 가고 산산이 파괴함으로써 그 경험들 자체는 항상 그리스적 토대와 이질적인 성격을 간직하게 된다.

우리는 특히 세 가지 계기에 집중할 것이다. 이 계기들은 근본적으로 서로 다른 영역에 속한다. 그러나 니체가 우리에게 가르쳐준 바, 진지한 계보학적 연구의 끝에는 어차피 괴리밖에 남지 않는다. 첫째 계기는 성 토마스 아퀴나스의 『신학대전Summa Theologiae』에서 방법론적으로 분석된 겸손의 문제에 있다. 그다음에는 이삭 루리아의 카발라 사상과 16세기 사페드파에서 '침춤tsimtsoum' 우주생성가설이라는 계기를 살펴볼 것이다. 그리고 마지막으로, 마이스터 에크하르트의 설교와 논증에서 떠남과 버림에 대한 옹호를 살펴보려 한다.

물론 이 같은 시도에는 즉각적으로 두 가지 반박이 제기될 것이다. 그러한 반박은 장기적으로 사유에 도움이 되지 않으니 빨리 해결하고 가자.

우선 무신론자는 이렇게 항의하고 싶을 것이다. 어떻게 감시 체계에 지나지 않은 일신교들에서 드러내지 않기라는 경험의 뿌리를 발견할 수 있다고 말하는가? 금칠을 두른 휘황찬란한 유대교회당, 성당, 이슬람 사원들을 보고도 그런 말이 나오는가? 그러한 일신교들은 여성, 약자, 모자라는 사람 들을 말도 안 되는 일상적인 제약에 비참하게 복속시키거나 개인들을 철두철미하게 감시하지 않는가? 하지만 미리 안심해도 좋다. 우선 우리의 연구는 신화와 의식에 대한 레비스트로스의 가르침을 계속 따라가면서 위대한 일신교 사상가들만을 다룰 뿐, 율법

학자들이 수치심에 대해서 제정한 소소하고 폭력적인 규칙들은 전혀 개의치 않을 것이다. 종교는 광기를 방불케 할 만큼 근본주의적인 형식, 일상에 대한 자기구속의 형식을 다듬어나갈 때보다는 세계를 연구하고 사유할 때에 더욱더 흥미로운 법이다. 그리고 다른 한편으로, 불현듯 드러내지 않기의 즐거움에 사로잡히는 사람에게는 신의 이름 자체가 너무 거창하고 요란스럽게 여겨질 것이 확실하다.

한편 신자나 종교학자의 시각에서 이 신학적 사유의 세 순간은 극도로 까다로운 데다가 이미 너무 많은 학자들이 마르고 닳도록 주석을 달아놓은 문제에 해당한다. 따라서 우리가 제안하는 시도는 '내가 지금 뭘 건드리는 거지?'라는 자연스러운 반감을 불러일으킬 수밖에 없다. 하지만 성 토마스라면 헛된 호기심이 아니라 겸손한 면학studiositas의 정신으로 접근하는 한 결코 앎을 두려워할 필요가 없다고 말할 것이다. 그런데 여기서 우리의 관심을 끄는 것은 종교와 신학의 진실이 아니라 오로지 드러내지 않기의 진실이다. 그러니 정직한 마음이 거리낄 것이 없는 한에서 종교와 신학의 가장 아름다운 보물을 순진무구하게 끌어다 써보자.

겸손으로서의 드러내지 않기: 성 토마스의 지혜

아이도스, 즉 그리스 철학자들이 말하는 수치심(소박한 태도 혹은 염치)이 드러내지 않기라는 경험의 초석이 되기에는 지나치게 공적으로 드러나는 행동이거나 혹은 타자의 의견에 대한 복종에 치우쳐 있는 듯 보인다면 겸손(후밀리타스)도 비록 정반대 방향으로라고는 하나 드러내지 않기라는 경험과 대립되기는 마찬가지인 듯하다. 상대를 낮추는 행위, 모욕humiliation, 즉 말 그대로 남의 얼굴을 땅바닥에 깔아뭉개는 행위는—'미천함, 겸손'을 뜻하는 라틴어 '후밀리타스humilitas'는 '흙'을 뜻하는 단어 '후무스humus'에서 왔다—본래 가증스러운 성격을 띨 뿐만 아니라 드러내지 않기와 가장 반대되는 행위가 아닐까? 드러나지 않게 처신한다는 것은 그와는 '완전히 다른 것', 모욕당하지도 않고 모욕하지도 않는 것 아닌가? 우리는 겸손이라는 개념에서 '결국은 흙으로 돌아갈 인간'이라는 성경적이고 영적인 전통을 발견할 수 있다. 하지만 드러내지 않기의 매혹을 맛보는 사람은 그러한 전통에 금세

싫증을 느낄 수밖에 없다. 겸손이라는 개념에는 현저한 악의가 깃들어 있기 때문에 오랫동안 진지하게 고려할 만하지 않다고 할까.

하지만 바로 이 지점에서 성 토마스의 지혜가 나타난다.[17] 실제로 성 토마스는 그리스도교의 계시와 아리스토텔레스 전통의 종합이라는 있을 법하지 않은 시도를 추진했다. 우리 주제와 관련해서 말해보자면 성 토마스는 성경의 '아바나' 혹은 '후밀리타스', 즉 유대인의 겸손 혹은 그리스도교의 겸손을 아리스토텔레스의 아이도스 혹은 소박한 태도(모데스티아)와 종합하고자 시도함으로써 그리스인들의 지칠 줄 모르는 오만과 유대교 및 그리스도교의 괴상한 사도마조히즘을 타파하고 좀 더 인간적이고 온건하며 대안적인 경험을 열어놓았다(이 경험은 광신자들이 주장하는 것처럼 영원히 지속되지는 않지만, 젊음에만 합당하고 성숙과 함께 사라지는 아리스토텔레스의 아이도스와도 차별화된다는 점에서 대안적이다). 그러한 경험은 타자와 자연이라는 이중적 관계에서 얻어질 것이다. 한편으로 "모든 인간은 자신에게서 비롯되는 것을 생각한다면 자신을 이웃보다 아래에 두어야 한다. 이웃 안에서 신으로부터 비롯된 것을 고려하기" 때문이다. 그러나 다른 한편으로 "겸손이 자기 안에서 신으로부터 비롯된 것을 타자 안에서 신으로부터 난 듯 보이는 것보다 아래에 두라고 요구하지는 않는다." (Q. 161, a.3, r.) 달리 말하자면 겸손은 타자의 신성을 마주하면서 자기 자신을 잠시 지우되 자신 또한 신에게서 말미암았다는 의식은 간직하는 것이다. 다시 말해 나와 타자는 동등하다. 따라서 자기 자신을 영원히 지워야 할 이유는 전혀 없다. 나의 사라짐은 그저 지각의 문제, 순간의 문제, 심지어 희열의 문제다. 그렇다면 이 경험은 (신에 대한 호소를 제외하면) 우리가 처음부터 고찰해왔던 드러내지 않기의 경험과 거의 동일하지 않은가? 좀 더 상세하게 보자.

성 토마스의 논증에서 몇 가지를 살펴보자. 우선 그가 겸손을 그리스도교의 근본 미덕으로 여기지 않는 것은 분명하다. 성 아우구스티누스가 『거룩한 동정 생활*De sancta virginitate*』에서 "후밀리타스는 그리스도교 교리의 거의 전부"라고 했던 반면, 성 토마스는 후밀리타스가 신학적인 미덕들의 반열에 오르지 못한다고 보는 입장이다.[18] 후밀리타스는 오히려 이중으로 주변적인 미덕일 뿐이다. 첫 번째로 일단 후밀리타스는 모데스티아의 일부일 뿐이다. 모데스티아에는 다음의 네 가지가 포함되는데, 올바른 가치에 대한 감각을 단죄하지 않으면서 '수페르비아superbia(교만)'를 다스리는 '후밀리타스humilitas', 지식에 대한 온건한 사랑을 단죄하지 않으면서 교만한 '쿠리오시타스curiositas(호기심)'를 다스리는 '스투디오시타스studiositas(면학)'가 바로 그것이다. 후밀리타스가 주변적인 미덕인 두 번째 이유는 모데스티아 그 자체가 "사소한 것들을 다스리는 덕", "절제라는 주요한 덕에 부차적으로 따라오는 것"으로만 생각되었다는 점이다. 아리스토텔레스 사상을 당면 목표를 위해 다소 곡해한 결과라고 할까(사실 아리스토텔레스는 모데스티아 혹은 수치심을 아예 덕으로 보지도 않았다). 그런데 드러내지 않기란 바로 그렇게 부차적인 경험, 중심이 되거나 결정적이지 않으면서 더 고차원적인 덕(신덕이 아닌 덕, 다시 말해 믿음, 소망, 사랑이라는 3대 신덕의 지평을 떠나서 사유되는 덕을 예로 들어보자면 관능적 사랑, 너그러움, 환대 등이 있겠다)에 좌우되는 덕이 아닐까.

신학자에게 불가능한 일을 다루는 셈이 될지도 모르지만, 우리는 겸손의 단계라는 고전적인 문제를 다루는 성 토마스의 명백하지만 당황스러운 유머감각을 지적할 수 있다. 성 베네딕투스는 겸손을 아홉 단계로 분류했다. 성 토마스는 성 베네딕투스의 분류를 완벽하게 목록으로 정리했는데 그중에서도 가장 희한한 겸손이 여섯 번째 단계, 즉 "스스로 만인 중에 가장 멸시당할 만한 사람이라고 믿고 생각하는 것"에 속한다. 한편 일곱 번째 단계는 "자신이 매사에 적합지 않고 쓸모없다고 고백하고 생각하는 것"이다. 성 안셀무스는 겸손을 일곱 단계로만 분류했지만 그의 체계는 선대 교부들의 체계보다 더 거칠고 조악하다. 1. 스스로 멸시받을 만한 인간임을 아는 것. 2. 그러한 앎에서 기인한 번민. 3. 그러한 앎을 고백함. 4. 그 앎을 납득함. 5. 사람들이 그렇게 말하는 것을 참고 견딤. 6. 실제로 멸시받는 것을 참고 견딤. 7. 그렇게 대우받기를 좋아함. 그런데 성 토마스는 이러한 견해에 대해서 뭐라고 하는가? 성 안셀무스가 성 베네딕투스보다 더 권위가 높을 수는 없으니 예상치 못한 일이건만 성 토마스는 단계들의 생략을 좋게 본다. "위에서 말한 단계들[성 베네딕투스의 단계들]은 규정보다 너무 많은 듯 보인다." 그러면서 성 마태오의 복음서(3장 15절) 주석*에 기대어 겸손에는 좀 더 온건한 세 가지 단계밖에 있을 수 없노라 주장한다. 1. 윗사람들에게 복종하고 자기와 대등한 자들보다 자기를 더 좋아하지 않는 것. 2. 자기와 동등한 자들에게 복종하고 아랫사람들보다 자기를 더 좋아하지 않는 것. 3. 자기보다 낮은 사람들에게도 복종할 줄 아는 것. 이것이 겸손의 '완성'이다. 성 토마스는 마지막으로 성 아우구스티누스를 동원하면서 이 세 단계를 사실상 완전히 상대주의적인 단 하나의 단계로 정리한다. "겸손의 척도는 각자 위대함의 크기에 걸맞게 주어진다."

뭐가 어떻게 된 걸까? 성 토마스는 돌연 아무렇지도 않다는 듯이(앞에서 언급한 '유머감각'이 바로 이 부분에 해당하는데) 겸손의 모든 단계들을 하나로 귀착시켰다. 겸손을 상대적인 것으로 만들고 겸손의 문제에서 극적인 요소들을

---

* 예수 그리스도가 자신의 아랫사람이라고 할 수 있는 세례자 요한에게 세례를 받은 일에 대한 주석.

근본적으로 제거한 것이다. 그런데 이처럼 극적 요소들을 제거하는 분위기는 드러내지 않기의 기원을 사유함에 있어서 몹시 중요하다. 드러내지 않는다는 것은 마땅히 경이롭고 현명하며 올바른 태도이지만 '반대로' 무분별하게 굴거나 교만과 허영을 떠는 것도 그리 심각한 것은 아니다. 드러내지 않기가 드러내지 않기와 반대되는 것의 조건이기 때문이다. 거듭 말하지만 겸손은 사소한 것들을 다스리는 일이다.

사실 우리는 성 토마스가 겸손의 덕을 아리스토텔레스나 자기 이전의 유대교 및 그리스도교 철학자 대부분처럼 자신에 대한 자신의 덕으로 삼지 않고 주로 자신과 타자의 관계, 타자의 신성을 대하는 관계의 감각으로 삼았다는 점에 감탄하지 않을 수 없다. 이 감탄에는 아무 제한이 없으며 비꼬는 마음도 없다. 특히 성 토마스는 이렇게 말한다. "모든 인간은 이웃에게 자기는 갖지 못한 좋은 면이 있다거나 이웃에게는 없는 나쁜 면이 자기에게 있다고 판단할 수 있다. 그렇기 때문에 인간은 겸손하게 이웃을 섬길 수 있는 것이다." 자신을 그렇게 낮춘다는 것은 범상치 않은 사유다. 사실 겸손에는 자기모욕이 없다. 심리적인 자기모욕이든 사회적인 자기모욕이든 그런 것은 겸손과 무관하다. 겸손은 그저 타자가 가장 형편없는 인간일지라도 그에게 아직도 가치 있는 무엇인가가 있다는 섬세한 지각일 뿐이다. 그리고 바로 그 지점에 우리가 오늘날 드러내지 않기라고 부르는 것의 기원이 있음을 인정해야 한다. 드러내지 않기라는 경험의 중추는 ―아직은 그 경험이 겸손이라는 이름으로 불릴지라도― 자기증오나 자기에 대한 염려와는 무관하다. 그 중추는 순전히 타자들에게로, 대타자에게로, 피조물들에게로, 세계로 향해 있다.

모순으로서의 드러내지 않기: 침춤 가설

성 토마스의 유일한 문제점은 겸손에 대한 그의 사유가 여전히 '신에 대한 종속', 다시 말해 구원의 문제에 귀속되어 있다는 것이다. 지금까지 논의한 바에 따르자면 구원의 문제는 그 정의상 신중한 자가 골몰할 만한 대상이 될 수 없다. 이것은 어떤 면에서 순전히 합리적 신학의 문제다. 겸손의 사유가 아무리 이기심을 문 밖으로 몰아내 봤자 소용없으며 그러한 이기심은 창문을 통해서

되돌아온다. 이 사유는 '궁극적으로' 늘 도덕에 종속될 수밖에 없다. 따라서 우리는 조금 더 나아가 다른 사유를 공략해보겠다. 이 사유는 더욱더 기괴한 면이 있지만 영혼의 대속代贖을 바라보는 전망, 구원의 전망을 벗어던지게 할 수 있을 것이다.

　엄밀히 말해서 유대교 신학이라는 것은 성립되지 않는다. 유대교에서 하느님은 근본적으로 초월적 존재이기 때문에 학문의 대상이 될 수가 없다. 학문은 필연적으로 인간적인, 너무나도 인간적인 것이기 때문이다. 그래도 신성함을 연구하는 학문과 얼추 비슷한 것은 있는데, 카발라Kabbalah가 바로 그에 해당한다. 그런데 여기서 우리는 여러 가지 측면에서 전에 없던 관념, 무엇보다도 드러내지 않기의 경험을 사유하기에 적용 범위가 풍부한 모형이 될 만한 관념을 발견한다. 침춤tsimtsoum 가설, 즉 '엔 소프en sof(무한)'가 세계를 창조하면서 스스로 물러나거나 자기 자신을 수축시켰다는 가설이 바로 그것이다. 이 가설은 이삭 루리아와 그의 학파가 주창했다.[19] 침춤은 어떤 면에서 굉장히 단순한 관념이지만 무한과 창조 개념을 최초로 진지하게 고려하게 했다고 볼 수 있다. 신이 무한이라면 어떻게 무한 밖의 그 무엇, 즉 세계가 존재할 수 있을까? 어떻게 무한 바깥에 따로 구별되는 유한이 존재할 수 있단 말인가? 다른 한편으로, 창조가 진정한 창조라면, 다시 말해 원료를 바탕으로 하는 생산이 아니라 '무에서의ex nihilo' 창조일 경우에는 창조주와 창조의 관계를 어떻게 생각해야 하는가? 우리는 이 질문 앞에서 모든 원인론적, 생물학적 창조 모델들은 더 이상 통하지 않기 때문에 다른 모델이 필요하다는 것을 느낀다. 그런데 침춤 가설은 일단 앞의 두 물음에 대한 해답으로 간단하게 읽힐 수 있다. 신은 무한하므로 도처에 존재한다. 신은 세상을 창조하기 위해서 세상에 어떤 여지를 내주어야만 했다. 그래서 신은 어느 한 부분에서 스스로 물러나거나 자기 자신을 수축시켰다. 유한에 대한 무한의 관계는 유한의 초월성을 부정하지 않는 한 무한이 유한에 참여하는 관계로 간단히 사유될 수가 없다. 창조주와 피조물의 관계 역시 '무에서의' 창조라는 성격을 부정하지 않는 한 단순한 생산이나 발생 관계로 생각될 수 없다. 한마디로, 무한에 대한 모순 없이는 무한에 대해서 사유할 수가 없다는 얘기다. 창조주의 사라짐(dis-paraître,

나타남을 중단한다는 본래 의미에서의 사라짐)을 가정하지 않고
는 창조를 말할 수 없다. 또 다른 측면에서 침춤은 극도
로 혼란스러운 역사에 대한 극도로 모호한 관념이다(침춤
가설은 그저 오역이나 오해의 산물일지도 모른다). 가령 이삭 루리
아의 가장 잘 알려진 제자 하임 비탈의 견해를 전하는 여
러 판본들 중 하나를 살펴보자.[20]

흘러나올 것들이 흘러나오기 전, 피조물이 창조되기 전에는
드높고 순전한 빛이 실재를 가득 메우고 있었다는 것을 알라.
당시에는 빈 공간이 전혀 없었고 그저 공기만 있거나 움푹 파
인 데도 없이 그 순전하고 무한한 빛으로 가득 차 있었다. 그
빛은 처음도 없고 끝도 없었다. 모든 것이 빛이요, 하나요, 순
전함이요, 동일한 균질성을 띠었으니 그것이 이른바 무한의
빛이다. 세상들을 창조하시고 유출될 것이 흘러나오게 하시
어 그의 행위와 이름과 속성의 완전함을 나타내시려는 '순전
한 의지'에 이르시니 이것은 곧 세상을 창조하신 까닭이니라.
그때에 그는 무한인 자기 자신의 중심, 진정한 가운데를 일그
러뜨려 축소하셨다. 그 빛을 수축하여 가운데를 비우고 가장
자리로 물러나셨다. 그는 그렇게 머무르셨다. 정말로 한가운

데에 빈자리가 있고, 공기가 있고, 움푹 들어간 데가 있는 채
로….

이 글의 본래 의미를 설명하려고 애쓰는 것은 금물이
다. 우리에게 그럴 만한 수단도 없거니와 그러한 설명은
아마 불가능할 것이다. 그보다는 이처럼 애초부터 모호
한 사상이 어떤 점에서 드러내지 않기의 경험을 살펴보
기에 적합한 모델이 되는지 그 부분만 설명해보고자 한
다. 침묵 사상은 적어도 세 가지 면에서 우리 사유의 모
델로 삼을 만하다.

첫째, 침묵 사상은 그리스 사상 및 신플라톤주의에서
기원하는 '유출론émanatisme'* 모델에서 나왔으면서도 그
러한 모델을 파괴한다. 긍정 신학과 부정 신학을 막론하
고** 그때까지의 모든 신학의 지배 모델이었던 유출론을

---

* 플로티누스로 대표되는 신플라톤주의의 중심 사상으로서 이 명칭은 '[샘에
서] 흘러나오다'라는 라틴어 단어 'emanare'에서 유래했다.

** 긍정 신학은 하느님은 무엇이라고 긍정함으로써 피조물의 관점에서 하느
님을 규정하고 제한할 뿐이지만, 부정 신학은 하느님은 무엇이 아니라고 부
정함으로써 긍정적 규정을 넘어서는 하느님의 무한성을 서술하고자 한다.

거칠게나마 소개하자면 모든 실재가 제일원인으로부터 흘러나온다는 사상이다. 이 제일원인을 선善이라고 부를 수도 있고 일자一者 또는 신, 아니면 무한이나 그 밖의 이름으로 부를 수도 있다. 어쨌든 이 제일원인은 스스로 흘러넘치거나 플로티누스가 말한 대로 "내줌의 미덕"에 따라서 피조물('유출된 것')을 창조한다. 다시 말해 제일원인은 자신의 바깥으로 생산을 할 수가 있다. 문제는 이 모델로는 드러내지 않기의 미덕을 조금도 사유할 수가 없다는 것이다(사실 이 모델 자체는 플라톤의 『파르메니데스』에 대한 다양한 독해들로 거슬러 올라가며, 관심 있는 사람에게는 굉장히 흥미롭게 다가올 수 있다). 그림자와 후퇴의 유희로서의 드러내지 않기는 최초의 원인과 비교할 때에 필연적으로 퇴락일 수밖에 없다. 부정 신학마저 더 못나게 만드는 진력나는 똑같은 꿈을 매일 꾸는 셈이다. "언젠가, 언젠가, 우리는 빛 속을 걸어갈 것이다." 반면에 피조물이 제일원인의 흘러넘침, 자기 밖에 대한 생산 가능성이 아니라 무한의 수축 혹은 후퇴에서 비롯되었다고 상정한다면 '한없이' 한결 너그러운 생각, 피조물을 창조하는 데 그치지 않고 그것들이 편안하게 돌고 돌 수 있도록 '여지'까지 만들어주었다는 생각이 드러난다.

둘째, 우리가 이해하기에 하임 비탈의 글에는 확실한 점이 적어도 하나 더 있다. 신 혹은 무한은 중심에서 물러나는 것으로 만족하지 않는다. 뭔가 부조리하지만 이른바 중심이라고 하는 이 자리(무한에 어떻게 중심이 있을 수 있을까?)가 "빈자리, 허공, 움푹 들어간 곳"이 되기 때문이다. 그런데 바로 이렇게 묘사되는 지점에 드러내지 않기의 복음이 있지 않은가? 이제 중심은 없다. 중심은 그저 빈곳에 불과하다. 그러니 이제 신의 진리는 오직 주변부에서만, 세부사항들에서만 찾아야 하지 않을까? 자기를 위축시키는 행위뿐만 아니라 중심을 파괴함으로써 타자와 세계에, 그리고 자기에게 집중하는 행위가 생명을 창조하고 천지를 창조했다. 우리는 모두 중심에서 벗어났고 바로 그렇기 때문에 드러나지 않게 행동할 수가 있다. 감히 장담하건대, 반대로 상징적이거나 허구적인 중심이라도 생기기 시작하면 우리는 더 이상 진정한 드러내지 않기를 누릴 수 없게 된다.

마지막으로 셋째, 침춤 모델은 기존의 두 요소를 종합하여 '수축 또는 후퇴=창조'라는 새로운 방정식을 수립

한다. 수축, 후퇴, 유보로서 이해되는 드러내지 않기가 모두 일종의 창조라는 뜻은 아니다(속된 얘기지만 인정해야 한다. 그냥 좀 쉬고 싶어서, 혹은 용변을 해결하려고 모습을 감추는 경우도 많다). 그러나 적어도 한 가지 의미는 발견할 수 있다. 드러내지 않기-수축은 창조를 진정으로 생각하게 한다. 드러내지 않기-수축 없이는 하느님은 아무것도 정말로 창조하지 않았고 그저 질료, 카오스, 최초의 혼돈에 형상을 부여하고 변화시켰다는『창세기』모델에 머물 수밖에 없다. 그게 아니면 신은 창조한다기보다는 제일원인으로 돌아감으로써만 다소 존재를 되찾는 거짓 피조물들의 쇠퇴와 손상을 방임한다는 유출설 모델로 돌아갈 수밖에 없다. 이러한 관점에서 다음과 같이 주장할 수 있겠다. 모든 드러내지 않기의 경험이 창조적이지는 않다. 그러나 드러내지 않기의 경험, 수축과 후퇴의 경험 없이는 창조가 있을 수 없다고 인정해야 한다. 영원한 수수께끼이면서도 설명할 필요가 없는, 본연의 충만의 의미로 이해되는 창조 말이다. 이보다 아름다운 변론을 상상할 수나 있을까?

초탈과 존재하게 함으로서의 드러내지 않기

침춤 모델은 드러내지 않기를 사유하기에 기막히게 잘 들어맞지만 토마스주의의 겸손이 지니는 문제점과 대칭적인 문제점을 지닌다. 성 토마스는 도덕과 구원론의 모델에서 벗어날 수 없었던 반면, 이삭 루리아의 침춤 모델은 반대로 '틱쿤tiqqun(회복)'과 대속이라는 '도덕을 넘어서는 도덕hypermorale'의 형식이 아니고는 인간 경험의 구체적이고 체험적인 모습으로 돌아갈 수 없다. 실제로 루리아 이후의 카발라 해석들은 대부분 침춤 문제보다는 틱쿤과 대속의 문제, 다시 말해 신의 수축 이후에 인간에게 부여된 과업에 더 집중한다. 인간 안의 섬광들을 모으고 모아 부서진 세피로트sephirot, 즉 빛의 단지들을 회복하는 것이 중요해진다. 다시 말해 인간은 선하게 됨으로써 대속을 받는다. 따라서 침춤 개념은 그 자체로서 드러내지 않기를 이해하기에 적합한 발상이라지만 여전히 은유에 지나지 않는다.

그런데 세 번째 신학적인 사유는 우리를 도덕의 지평에서 끌어내는 한편 은유적인(지나치게 사변적인) 차원, 나아가 적어도 어느 정도까지는 신학의 차원에서도 떠날 수 있게 한다. 마이스터 에크하르트의 사상이 바로 그것이다. 라인란트의 위대한 신비주의자는 실제로 이전의 모든 그리스 사상적 모델은 물론, 천상의 지복에 대한 그리스도교의 모든 모델을 몰아내고 지상에서 거룩하게 살아갈 가능성을 열어놓았다. 그러한 삶은 우리가 드러내지 않기의 경험이라고 부르는 것의 모든 모습들을 갖추고 있다.

첫째, 마이스터 에크하르트는 최초의 교부들에게까지 거슬러 올라가는 유구한 그리스도교 전통을 완전히 산산조각 낸다.[21] 초대 교부들은 스토아철학의 아파테이아, 즉 무관심 혹은 무감각 개념을 내면의 성채에 틀어박힌 영혼의 평정심으로 보는 데 그치지 않고 예수 안의 신성한 삶과 동일시했다. 그럼에도 불구하고 이 두 방향 중 어느 쪽도 드러내지 않기를 말하기에는 부적절하다. 스토아주의자는 자기 자신으로 너무 충만하고 성인은 예수 그리스도와 거룩한 삶에 참여하게 되리라는 약속으로 너무 충만하다. 양쪽 모두 세상에 있는 듯 없는 듯 존재한다기보다 순전히 내면적인 기쁨을 위해서 세상을 멸시한다. 그런데 마이스터 에크하르트는 아파테이아를 '초탈Abgeschiedenheit(버리고 떠나 있음)'로 명명함으로써 정반대의 의미를 부여했다. 초탈은 내면화의 과정, 내면으로의 도피가 아니라 철저한 외면화다. 외적인 것을 버리고 떠나 있다는 것은 사실 우선 자기 자신으로서 존재하게 내버려둔다는 것, 자기를 근본적으로 벗어나 아무도 차지하지 않은 빈자리로만 존재한다는 것, 자기 자신을 '무화Vernihtung'한다는 것이다. 이것은 진짜 죽음은 아니지만 피조물로서는 죽음이다. 이 땅에서 거룩한 삶을 살아가기 위해서 무無로서 죽는 것이다. 에크하르트는 『영성 대화Reden der Unterweisung』 제3장에 이렇게 썼다. "먼저 자기 자신을 내버려두어야 한다. 그리함으로써 만물을 내버려두어야 한다. 사실 온 왕국, 아니 온 세상을 내버려둔들 자기 자신을 버리지 못하는 사람은 아무것도 내버려두지 못한 것이다. 그러나 자기를 버린 사람은 부, 명예, 그 밖의 무엇을 그대로 가지고 있든 전부를 버린 셈이다." 바로 여기에 우리가 보는 드러내지 않기의 의미가 제대로 있다. 드러내지 않기는 보물을 간직한 채로 세상에서 물러나는 것이 아니라 자신의 고유한 집착을 깨고 자기 주위의 모든 보물이 존재하게끔 하는 것이다.

둘째, 에크하르트도 루리아와 마찬가지로 그리스 유출설 모델을 해체한다. 긍정 신학(혹은 신과 그에게서 비롯되는 것들에 대한 관조)은 물론 부정 신학(신의 이름들에 대한 일련의 부정과 일반적으로 이러한 전통과 결부되는 궁극의 법열 혹은 말할 수 없는 것과의 합일)도 부정한다. 이제 긍정과 관조도 없고 부정과 법열도 없다. 그저 사물을 존재하게 내버려둠이 있을 뿐이다. 현대 독일어에서의 '겔라센하이트 Gelassenheit(내버려둠)'는 어떤 면에서 각자의 능력 범위 안에 있는 '엔 소프'의 '침춤'이다. 세상사의 '중심'에서 만사를 존재하게 내버려둔 채 고통받지도 않고 외면하지도 않으면서 거칠 것 없는 공백의 삶을 산다는 경이로운 경험 말이다. 그것이 우리가 말하는 드러내지 않기이다.

셋째, 우리는 앞에서 드러내지 않기에 전념하고자 하는 이들에게는 신의 이름 자체도 너무 요란스럽다고 말했다. 에크하르트는 여기서 그들의 편을 들어주는 듯 보인다. 그러한 초탈이 근본적인 것이 되려면 비록 "영혼이 신을 잃어야 한다는 말이 이상하게 들리겠지만" 끝까지 밀고 나아가 "신 자체도 뛰어넘어야" 하기 때문이다.

이러한 해석은 심히 모호하게 보일 소지가 있다. 그러

나 에크하르트가 예수께서 마르타와 마리아를 만난 일을 어떻게 해석하는지 주의 깊게 살펴보면 좀 더 이해하기 쉬울 것이다. 『루가의 복음서』(10장 38절)에서 예수는 마르타와 마리아의 집을 방문했다. 마르타는 손님을 대접하느라 여러 모로 바쁘게 일하다가 예수 앞에서 마리아가 자신을 도와주지 않고 예수의 발치에 앉아 말씀을 듣고만 있다고 볼멘소리를 했다. 이때 예수는 이렇게 대꾸한다. "마르타야, 너는 많은 일에 마음을 쓰며 걱정하지만 실상 필요한 것은 한 가지뿐이다. 마리아는 가장 좋은 몫을 택했다. 마리아는 그 몫을 빼앗기지 않을 것이다." 그런데 에크하르트는 이러한 옹호를 정반대로 해석한다. 그는 드러내지 않으면서 부지런한 마르타가 잘했다고 본다. 마르타는 사물들과 밀착하여 자기 자신의 표면에서 살아갈 뿐 아직 마리아처럼 분별없고 관조적인 방식으로 개인적인 만족을 추구하지 않기 때문이다.

드러내지 않기와 무신론

마이스터 에크하르트를 살펴보면서 드러내지 않기를 계보학적으로 연구하려는 우리의 시야에 확실히 뭔가 보편적인 그 무엇이 들어왔다. 자기와 만물, 심지어 신조차 예외로 여기지 않는 초탈, 세계를 존재하게 함, 모든 허영의 무화, 각 존재의 빔의 자유를 긍정함으로써 우리는 이미 카프카나 블랑쇼에게서 볼 수 있었던 드러내지 않기에 대한 현대의 경험으로 들어선다.

어쨌든 이런 유의 감정을 『되찾은 시간 *Le temps retrouvé*』의 마지막 문장들에서 발견한다. 병들어 집에 처박혀 지내는 화자는 원고에 덕지덕지 덧붙인 교정 쪽지와 추억에 둘러싸여 다시 죽음을 꿈꾸기 시작한다. 고통스러우면서도 마음을 가라앉히는 풍부한 꿈, 신중한 꿈. 특히 프루스트의 다음 문장들이 그렇다.[22]

빅토르 위고가 그랬다. "풀은 자라고 아이들은 죽어야 한다." 나는 예술의 잔인한 법칙은 존재들이 죽어야 하고 우리 자신도 고통이란 고통은 다 겪고 죽어야 하는 것이라고 말하겠다. 망각 아닌 영생의 풀이 자라기 위해서, 풍부한 작품의 무성한 풀이 자라기 위해서. 그 풀 위로 다음 세대들이 자기네 발밑에 잠든 자들을 개의치 않고 '풀밭 위의 식사'를 즐기러 오리라.

버지니아 울프의 『댈러웨이 부인*Mrs. Dalloway*』의 범상치 않은 결말에서 또 다른 예를 취할 수도 있다. 어떤 면에서 소설의 줄거리 전부라고 할 수 있을 클라리사의 파티가 이제 막 시작된 순간, 브래드쇼 박사와 그 부인이 눈치 없이 셉티머스의 자살 얘기를 꺼낸다. 독자는 몇 페이지 앞에서 이미 그런 일이 일어났다는 것을 눈치 챌 수 있다. 클라리사는 상처를 받지만(브래드쇼 부부는 그녀의 파티에서 죽은 사람 얘기를 꺼내서 뭘 어쩌겠다는 건가?) 잠시 작은 응접실로 물러나면서 문득 사라짐의 기쁨을 계제에 맞지 않게 느낀다. 클라리사가 행복하게 살아가기 위해서 소설 속에서 클라리사의 정신적 분신이면서도 잘 모르는 사이인 셉티머스는 사라져야만 했다. 남은 자들이 살아야 한다는 두려움에서 벗어나 삶의 아름다움과 유쾌함을 되찾기 위해서는 존재들이 죽음을 관통하고 사라져야 한다. 『디 아워스*The Hours*』라는 제목의 이전 버전에서 셉티머스는 존재하지 않고 자살하는 사람은 클라리사다. 그러나 이 새로운 착상을 더함으로써 버지니아 울프는 광기에 대한 소설에서 초탈의 현대적 경험에 대한 소설로 넘어왔다. 그녀는 특히 마지막 클라리사의 의식을 기술하는 부분에서 그 점을 명시적으로 보여주었다. 이 문장은 초탈, 존재하게 내버려둠으로 이해되는 드러내지 않기의 현대적 경험을 완벽하게 드러낸다.[23]

중요한 것이 하나 있었다. 그것은 시시한 이야기에 둘러싸여 외관이 흉하게 되고, 그녀의 삶 속에서 손상되어 매일매일 부패와 거짓말과 잡담 속으로 떨어져 내렸다. 그는 이것을 그대로 보존한 것이다. 죽음은 도전이었다. 죽음은 소통하려는 노력이었다. 반면에 사람들은 신비하게도 자신들을 피해가는 중심에 다다르는 것이 불가능하다는 것을 느꼈다. 친밀했던 관계는 멀어져가고, 황홀함은 시들고, 사람은 혼자였다. 하지만 죽음에는 포용하는 힘이 있었다. […]

어떤 의미에서 그것은 그녀의 재난, 그녀의 불명예였다. 그래서 이 깊은 어둠 속에서, 어쩔 수 없이 야회복을 입고 선 채로, 여기서 한 남자, 저기서 한 여자가 가라앉아 사라져가는 것을 보아야만 한다는 벌을 받고 있는 것이다. 그녀는 일을 꾸민 적도 있고, 부정직했던 적도 있다. 절대로 아주 떳떳하지는 못했다. 그녀는 성공을 원했다. […]

이상하고, 믿을 수 없는 일이지만, 그녀는 이렇게 행복했던 적이 없었다. 모든 것이 좀 더 천천히 지나갔으면, 좀 더 오래 지속되었으면 싶었다. 그녀는 의자들을 바로 놓고 책 한 권을 서가에 꽂으며 생각했다. 어떤 즐거움도 젊은 날의 승리들과 결별하고 살아가는 과정에 자신을 내맡기고 있다가 가끔 기쁨에 떨면서 해가 뜨는 것을, 날이 저무는 것을 발견하는 것에는 비할 수 없어.

그렇지만 에크하르트 사상과 비교해보자면 뭔가가 달라졌다. 이제 분위기가 전혀 다르다. 프루스트는 아직도 '영생'을 말하고 좀 더 앞에서는 '진정한 삶'을 말하기도 하지만 그건 영혼의 영생이 아니라 작품과 문학을 두고 하는 말이다. 버지니아 울프도 마찬가지 맥락에서 클라리사와 셉티머스 사이에서 시간과 공간과 사회계급과 죽음을 초월한 소통을 말하고 있다. 우리는 또한 기계적으로 의자들을 정리하는 클라리사의 모습에서 마르타의 모습을 언뜻 본다. 여기서도 구원이나 지복은 이제 문제가 되지 않는다. 이 같은 초탈, 작품과 사물이 존재하도록 내버려두는 경험, 나아가 무럭무럭 자라도록 내버려두는 경험은 종교성, 영혼, 자기 구원에 대한 염려와 무관하다.

이제 신은 없다. 더 이상 내세도 없다. 죽음의 극화劇化도 없다.

"죽음의 방부 처리"에 반대하고 과거의 의식들에 대한 향수를 드러내는 오늘날의 모든 장광설을 미셸 푸코가 꼬집은 것도 같은 맥락에서였을 것이다. 푸코는 그보다는 "사라짐의 은근한 슬픔"과 "죽음-사라짐에 의미와 아름다움을 부여하는" 태도를 선호했다.[24]

그렇다면 갑자기 무엇이 달라졌기에 동일한 종교적, 신비주의적 근간에서 비롯된 것이 분명한 경험들에 돌연히 무신론의 바람이 불기 시작했을까? 사실 마이스터 에크하르트를 무신론의 선구자 격으로 삼는 것은 말도 안 된다. 여전히 신 밖에 존재할 어떤 무의 진리를 향한 열정, 신 자체에까지 미치기에 궁극적으로는 신조차도 초탈해야 하는 철저한 열정은 그럼에도 불구하고 신에 대한 사랑 안에 있다. 에크하르트는 신을 결코 문제 삼은 적이 없다. 따라서 드러내지 않기의 계보학적 토대와 드러내지 않기의 실제 경험을 혼동해서는 안 된다. 하지만 그와 동시에, 해결되지 못한 의문이 고스란히 남는다. 도대체 무슨 일이 일어났던가? 하이데거는 중요한 두 편의 텍스트(하나는 강연, 다른 하나는 그에 대한 주석)에서 에크하르트의 '내버려둠'이라는 개념을 계승하고 그로써 우리가 현대 세계와 맺을 수 있는 관계, 다시 말해 "신들이 물러난" 세계와의 가능한 관계를 명명하고자 했다.[25] 하이데거는 특히 우리에게 결정적으로 중요해 보이는 두 가지 특징에 주목했다. 우선 그는 내버려둠과 예술가의 사라짐이 맺는 긴밀한 관계를 강조했다. '내버려둠'을 제목으로 하는 하이데거의 강연은 작곡가 콘라딘 크로이처에 대한 얘기로 시작한다. 그는 "위대한 대가일수록 그의 인격은 작품 뒤로 완전히 사라지기" 때문에 "작품을 통한 대가의 현존만이 유일하게 진정한 현존"이라고 말한다. 다른 한편으로, 그는 내버려둠과 소위 "비밀의 입구die Offenheit für das Geheimnis", 즉 개방성을 유지하면서도 "자신을 언뜻 보여주는 동시에 빠져나가는 것"을 관조하는 자세가 "떼려야 뗄 수 없는" 관계에 있다고 보았다. 그런데 이러한 두 특징, '사라짐'과 '감춰진 것에 대한 감수성'은 실제로 드러내지 않기에 대한 오늘날의 경험을 사유하는 데 대단히 중요하다. 그러나 하이데거와 우리의 유대는 딱 여기까지다. 이렇게 보는 이유는 세 가지다.

첫째, 사상사적 이유가 있다. 하이데거는 마이스터 에크하르트의 '내버려둠'을 '비난받아 마땅한 이기심'의 고발과 '자기 고유의 의지를 신의 의지에 맡김'으로만 정의했다. 그런데 우리가 보기에 에크하르트는 이미 그 수준은 넘었다. 하이데거는 도덕의 관점과 지나치게 인도주의적인 관점을 초월해 자신의 길을 추구한다면서 무의지를 말했지만 에크하르트는 이미 거기로 향해 있었다. 둘째, 하이데거는 현대의 내버려둠을 그가 말하는 '기술'과 비교하면서 사유하고자 했다. 독일어 'Gelassenheit(내버려둠)'는 프랑스어로 흔히 '평정sérénité'이라는 제한적인 의미의 단어로 번역된다. 한편, 하이데거에게 기술은 사유와의 새로운 관계, 세계와의 새로운 관계를 뜻한다. 이 관계는 사유의 의미를 묻고 성찰하는 능력이 아니라 단순한 계산 능력으로 축소된다. 또한 세계는 이제 마음대로 쓸 수 있는 '광대한 보고'로만 생각된다. 그런데 현재 우리가 경험하는 드러내지 않기는 사실 현대적 기술의 결과로 등장했다고 볼 수 있다. 이 판단은 부정적인 의미가 아니라 정치적인 의미로 이해되어야 한다. 드러내지 않기의 관건은 정치적이다. 존재론이나 대상들과의 관계에 속한다기보다는 타자들과의 관계 문제다. 그러자면 현대의 기술을 기술 그 자체에 대해서라도 풍부하게 구사하지 않으면 안 된다. 마지막으로, 우리가 보기에는 하이데거의 그러한 사유가 완전히 정치와 동떨어져 있지는 않다. 비록 당시에 하이데거는 정치적 장에서 완전히 물러났노라 주장했지만(그건 잘한 일이었지만) 어쨌든 우리가 드러내지 않기의 비밀스러운 힘에서 엿보았던 정치와 그의 정치는 근본적으로 대립된다. 하이데거는 내버려둠, 기술적 대상들에 대한 초탈이 '장차 새로운 뿌리내림의 전망'을 보여준다고 했다. 하지만 우리에게 드러내지 않기로서의 내버려둠은 오히려 카프카적인 '독신자 기계', 다시 말해 뿌리도 없고 제자리도 없고 혈통도 없는 개인들밖에 남지 않은 세계 속에서 일반화된 뿌리 뽑힘의 전망, 그럼에도 즐거운 전망을 뜻한다. 카프카는 말하지 않았던가. [그들에게는] 두 발 디딜 땅, 두 손으로 짚을 수 있는 받침점밖에 없다."

따라서 우리가 맨 처음 제기한 물음에 우리는 지금까지 답한 셈이다. 마이스터 에크하르트의 시대와 지금 이 시대 사이에 일어났던 일은 기술의 출현이라기보다는 근본적 관계 수평화로서의 정치의 출현이다. 사실 에크하르트는 초탈의 경험을 기본적으로 수직적인 경험으로만 생각했다. 일개 평신도에서 성인으로, 성인에서 신에게로, 신에게서 탁월한 무에게로 향하는 경험 말이다. 반면에 드러내지 않기에서는 모두가, 모든 인간뿐만 아니라 생물, 무생물을 막론한 모든 존재가 평등하게 위치한다. 그렇기 때문에 그 존재들을 용인하는 유일한 방법은 초탈하는 것, 만인의 만인에 대한 투쟁이나 인정(버지니아 울프가 말하는 젊은 날의 승리들과 성공의 비겁함)을 받기 위한 끝없는 싸움에 휘말리지 않도록 드러나지 않게 처신하는 것이다. 또한 바로 그렇기 때문에 존재들을 사랑하고 연대감을 느끼는 유일한 방법도 존재들에게 자리를 내주는 드러내지 않는 처신뿐이다. 수직적 사회는 사실상 신학적 사회이게 마련이다. 신비주의자와 탁월한 무와의 관계(에크하르트)조차 예외는 아니다. 그러나 수평적 사회는 사실상 정치 사회일 수밖에 없다. 일개 독신자가 자기 내면의 무와 맺는 관계(카프카)조차도 예외가 아니다.

엉뚱한 몇 가지 생각거리

우리는 한 발짝 물러나 중요한 또 한 사람에게로 돌아감으로써 이 초탈과 내버려둠이 종교에서 출발하여 어떻게 오늘날과 같이 근본적으로 신 없는 개념으로 옮겨 왔는지, 어떻게 이 개념이 그 기원이 무색하게도 드러내지 않기를 근본적으로 무신론적인 경험으로 만드는지 좀 더 잘 설명할 수도 있을 것이다. 하이데거의 사유를 추적하는 데 마이스터 에크하르트가 중요하듯이 레비스트로스, 블랑쇼, 푸코의 사유를 추적하고자 한다면 중요하게 고려해야 할 인물이 바로 파스칼이다. 이 경우, 시의적절하지도 않거니와 우리의 계보학 못지않게 엉성한 연습문제 풀이를 한번 해볼 수 있겠다. 드러내지 않기의 현대적 경험이 파스칼의 사유들을 어떻게 수정할 수밖에 없는지 하나하나 짚어보는 거다.

파스칼은 말한다. "자아는 세상의 중심을 자처하기 때문에 가증스럽다." 드러내지 않기의 영혼은 등위접속사만 수정해서 이렇게 말할 것이다. "자아는 세상의 중심을 자처할 '때' 가증스럽다."

파스칼은 말한다. "인간의 모든 불행은 방 안에서 한

시간도 조용히 쉴 줄 모르는 데서 빚어진다." 드러내지 않는 사람은 장소를 가리키는 부사구만 살짝 바꿔서 이렇게 말한다. "인간의 모든 불행은 회중會衆 속에서 쉴 줄 모르는 데서(군중에 묻힐 줄 모르기 때문에) 빚어진다."

파스칼은 말한다. "무한한 공간의 영원한 침묵이 나를 두렵게 한다." 드러내지 않는 자는 상황 부사구만 덧붙여서 이렇게 말할 것이다. "내가 군중 속으로 사라지지 않는 한 무한한 공간의 영원한 침묵이 나를 두렵게 한다." (나의 고독이 실현되는 군중 속에서는 오히려 그러한 침묵이 평화로 다가온다. 군중 속에는 이미 엄청난 소란이 있으므로….)

파스칼은 말한다. "옳은 자를 강하게 하지 못하면 강한 자가 옳은 것이 된다." 그러나 드러내지 않는 자는 이 같은 사유의 정황을 다소 설명해야 할 필요를 느낀다. "옳은 자를 강하게 하지 못하면 강한 자가 옳은 것이 되지만 그리 오래가지는 못한다."(바로 이걸 미약하지만 없어서는 안 될 형식 민주주의라고 부른다.)

파스칼은 "신 없는 인간의 비참"을 말한다. 드러내지 않는 자는 이번에도 한 가지 수정을 가할 것이다. 분명 대대적이지만 본래의 정신에 합당한 수정을. "자기가 신인 줄 알거나 신을 필요로 하는 인간의 비참"이라고 말이다. 이러한 생각은 말 그대로 인간에 대한 비판이자 신에 대한 비판으로 읽힐 수 있기에 파스칼의 터무니없는 어리석음을 여기서 볼 수 있다. 아니, 그렇다면 자기가 없으면 살 수도 없는 피조물을 만들어놓은 한심한 창조주는 뭐란 말인가? 물론 원죄의 미스터리는 있다. 파스칼은 "그 미스터리는 인간에게 이해 불가하지만 그 미스터리 없는 인간은 더욱더 이해 불가하다"고 말한다. 그러나 드러내지 않는 사람은 차라리 이렇게 말할 것이다. "인간과 원죄라는 두 가지 미스터리를 잊어버리자. 우리는 오히려 타자들, 사물들, 세계에 관심을 두자."

파스칼은 또 이렇게 말한다. "세상 나머지를 내려다보는 인간, 세상 나머지 전부보다 자기가 가진 좋은 것을 더 사랑하고 자기 행복의 지속과 자기 삶을 더 사랑하는 인간은 없다는 판단은 얼마나 어긋나 있는가!" 그러나 드러내지 않는 자는 그에게 차분하니 "판단의 범주들이 후퇴함으로써 오늘날 참으로 많은 이가 세상의 잔해 아래서 자기 삶과 행복보다 타자들이 잘되기를 바라고 지구의 생존을 염려하니 얼마나 경이로운가"라고 느낌표를

찍는 것마저 잊고 대답할 것이다.

연습문제는 이외에도 얼마든지 이어질 수 있다. 우리는 어쩌면 파스칼의 『팡세*Pensées*』 전체를 이런 식으로 옮겨서 그 비범한 '그리스도교에 대한 옹호'를 '드러내지 않기에 대한 옹호'로 바꾸어놓을 수도 있으리라. 그때마다 수직적이고 신학적인 세계와 수평적이고 정치적인(무신론적인) 세계를 나란히 놓기도 하고 떼어놓기도 하는 극단적인 근접성과 극단적인 거리감이 작용할 것은 분명하다. 하지만 파스칼은 블랑쇼와 다소 비슷한 데가 있다. 너무 높이, 너무 멀리 있다는 얘기다. 그런 것은 붙잡고 매달릴 수가 없다. 그저 내기를 걸 수 있을 뿐.

현대의 전체주의에 맞서

———

세상을 단념하는 자는 틀림없이 사람들을 사랑할 것이다. 그
자는 사람들의 세상을 단념하는 것이기 때문이다. 그는 진정
한 인간의 본성, 서로 평등하다는 조건이 붙는 한 사랑받을 수
밖에 없는 본성을 예감하기 시작한다.

_카프카, 『죄, 고통, 희망, 그리고 진정한 길에 대한 성찰』, §60

다소 엉성한 계보학적 연구 조사의 결과를 받아들이자.
현대의 드러내지 않기라는 경험은 일부 일신교 신학의
토양에서 태어났을 것이다. 그 토양에서 드러내지 않기
의 사유에 도움이 되는 개념들, 가령 절제된 겸손, 수축
혹은 후퇴, 초탈 혹은 내버려둠, 신 그 자체에 대한 초월

같은 개념들이 다수 나왔다. 그와 동시에 우리는 오늘날 드러내지 않기가 거의 모든 사람에게, 똑같은 몫으로 관련되어 있음을 거듭 확인하지 않을 수 없다. 우리는 드러내지 않는 삶의 모습들을 간헐적으로나마 거의 도처에서, 인구의 모든 층위에서, 온갖 종류의 신앙과 불신앙까지 망라하여 찾아볼 수 있다. 드러내지 않기는 이렇듯 널리 퍼져 민주화되고 정치화되었다. 이제 드러내지 않기의 경험에 종교적 배경은 필요치 않다. 드러내지 않기는 도시의 경험, 도시 안에서의 경험이 되었다.

그러니 이 결과를 다 받아들이자. 그래도 두 가지 질문은 유예된 채로 남는다. 우선, 어떻게 드러내지 않기가 그같이 세속화되어 정치적 경험이 되기에 이르렀을까? '신들의 후퇴' 운운해 봤자 아무것도 명쾌하게 설명하지 못하는 시적인 재주 부리기에 불과하다. '기술이 지배하는 세계'의 발전에 모든 것을 떠넘기는 태도 역시 더 명쾌할 것도 없다. 현대의 기술, 또한 이 시대가 기술과 맺는 관계가 이 질문 앞에서 극도로 양가적으로 드러나기 때문이다. 현대 기술은 드러나지 않게 처신하는 것을 불가능하게 하는 방법들을 다수 만들어냈지만(감시카메라, 소형 무인정찰기, 가시성의 절대명령, 자기이미지 숭배 등) 전에 없던 가능성들도 그만큼 만들어냈다(여행과 이주, 대도시의 익명성, 부단한 시청각적 노출이 기하급수적으로 늘어남으로써 식별 기능이 차단되기에 이르렀으니…). 그래서 우리는 여전히 다른 곳에서 답을 찾아야 한다.

두 번째 질문은 드러내지 않기가 정확히 어떤 가치를 지니느냐다. 드러내지 않기가 실제로 오늘날의 대도시에서 다른 사람들과의 관계 속에서 수평적으로 전개되는 정치적 경험이라고 받아들인다 해도 드러내지 않기의 기능과 효력이 어떤 것인지는 아직 알지 못하기 때문이다. 드러내지 않기는 호감 가는 말 그대로 정책일 뿐, 실제 효용은 전혀 없지 않을까? 조롱을 일삼는 나약한 이들 혹은 으스대기 좋아하는 교만한 이들의 시답잖은 정책? 그런 게 아니라면 드러내지 않기가 구체적으로 어떻게 세계에 작용을 미친단 말인가?

이 두 질문은 순서를 바꿀 수 없을 듯하다. 첫 번째 질문에 답하지 않고는 사실 유일하게 실질적 중요성을 띠는 두 번째 질문에 답할 생각을 하지 못할 것이다.

도시, 군중, 자본주의: 보들레르적 드러내지 않기

드러내지 않기는 계시를 받았다고 할 만한 일부 신학자들의 특이한 경험에서 거의 일상적이라고 보아도 좋을 수백만 인구의 경험으로 넘어왔다. 드러내지 않기라는 경험의 세속화가 어떻게 이루어졌는지 파악하기 위해서 불가사의하리만치 경이로운 보들레르의 직관, 혹은 좀 더 정확하게는 발터 벤야민의 보들레르 독해로 돌아가보자(벤야민이 읽은 보들레르는 보들레르 자체와 별개이기 때문에 하는 말이다). 우리는 사실 『악의 꽃』의 작가가 '현대적 삶의 화가'* 콩스탕탱 기를 옹호하면서 현대성의 이면을 완벽하게 파악했다는 점을 주지한 바 있다. 다시 말해 그는 걷잡을 수 없는 명예욕, 개인적인 과시, 자기이미지 연출뿐만 아니라 쉴 새 없이 이어지는 도시의 삶, 군중의 익명적인 삶, 몰인격적인 삶에 대한 사랑도 포착해냈다. 그런

---

* 보들레르는 일종의 미술평론인 「현대적 삶의 화가」라는 글에서 신문 삽화가 콩스탕탱 기의 작품의 현대성을 예찬한다. 당대 예술에 대한 비판을 담은 이 텍스트는 특히 '현대성'과 '댄디'에 관한 정의를 담고 있어서 모더니즘 논의에서 다뤄진다.

데 보들레르를 면밀하게 다시 읽으면서 우리는 그가 드러내지 않기의 경험이 정치적, 물질적으로 가능하기 위한 조건들을 훨씬 더 구체적으로 기술하고 있음을 확인한다. 그 조건은 최소한 다섯 가지로 꼽을 수 있다.[26]

첫째, 보들레르의 말마따나 현대 대도시의 출현, "빈번한 거대도시 방문"을 들 수 있다. 도시는 드러내지 않기의 조건이다. 마을이나 소도시에서는 무엇을 감추든 곧 알려지는 까닭이다. 반면 사막에는 자기 혼자밖에 없다. 드러내지 않기가 문제시될 수조차 없는 것이다. 보들레르가 다음과 같이 기술하는 양상은 오로지 대도시에서만 가능하다. "자기 집 밖에 있으면서도 어느 곳이든 자기 집 같은 느낌. 세상을 바라보기, 세상의 중심에 있으되 세상에 들키지 않기." 이런 맥락에서 가령 보들레르가 말하는 '현대적 삶의 화가'는 모두가 모두를 아는 작은 사회의 인간이 아니라 '온' 세상에 속한 사람이다. 그는 세상을 자기가 지나갈 고장처럼 생각하고 나아갈 뿐, 새로이 정복해야 할 영토로 여기지 않는다. 그리고 이런 의미에서 드러내지 않기의 경험은 최초의 정치적 성격을 띠게 된다. 문자 그대로의 의미, 가장 좁은 의미(정치적 경험,

폴리스에 대한 경험)와 가장 넓은 의미, 가장 현대적인 의미 (범세계적인 경험, 온 세상에 대한 경험)가 동시에 나타난다. 이 것은 한마디로 현대 자본주의의 '도시-세계'에 대한 경험이다.

둘째, 대도시를 메우는 군중에 대한 사랑이 있어야 한다. "거대한 흥분의 보고", 마르지 않는 에너지와 예측불가능성의 원천이자 "사람들 속에서의 고독"을 가능케 하는 유일한 희망으로 여겨지는 다수에 대한 사랑이 있어야 한다. 사람들 속에서의 고독은 오만하고 호기롭지만 금세 쓸모없어지는 고립, 쓸데없는 외톨이 신세가 아니라 나를 보이지 못한 채 보기만 하거나 보지 못한 채 나를 보이기만 하는 비대칭적인 소통 상태다. 오직 군중만이, 볼 수 없는 자에게는 아무 차이도 없고 볼 수 있는 자에게만 놀랍도록 구별되는 대중만이 공동체 없는 자들의 공동체가 된다. 이 공동체에는 우리가 들어오고 나가기를 번갈아 할 수 있다. 바로 이러한 이유에서 콩스탕탱기는 "군중 속에서 따분해하는 인간은 어리석다"고 말할 수도 있었을 것이다. 그리고 이러한 이유에서 드러내지 않기의 경험은 좀 더 결정적인 측면에서도 정치적인 경험이 된다. 현대 사회에서 진정한 정치적 주체로서의 경험, 다시 말해 위대한 사람들 또는 '민중', '프롤레타리아'만이 주체라는 철학자의 환상이 아니라 진정한 혁명을 일으키고 상품의 새로운 영향력을 만들어낼 수 있는 진짜 주체의 경험이라는 얘기다.

셋째, 익명성을 좋아하고 그 익명성이 가능해야만 한다. 보들레르가 콩스탕탱 기를 두고 말했듯이 "자기 자신으로 족하기 때문에 동의를 구하지도 않는" 사람 고유의 "자신을 감추기 좋아하는 마음"이 있어야만 한다. 더는 그 누구도 아닌, 어느 한 사람이 아닌, 거대한 군중 속으로 전속력으로 돌진하는 이름 없는 일개 전자電子가 되고 싶은 마음이. 여기서 그 같은 열정은 오로지 인정, 영광, 특이한 것을 갈망했던 서정 시인이자 댄디에게서는 매우 이상하게 보인다. 왜냐하면 그러한 열정이 정치적 경험으로의 급변을 분명히 드러내고 있기 때문이다. 특정한 개인으로서만 존재하라고 명령하는 바로 그 지점에서 우리는 더 이상 지고의 자아, 서정적인 '나'로 존재하지 못한다. 자크 올리비에 베고가 잘 지적했듯이 "보들레르는 19세기의 '수도' 거주자로서의 자기 '경험'에서 출발해 작품을 구축하지 않았다. 그는 그러한 경험에 '반하여', 심지어 그러한 경험에도 '불구하고' 억지로 작품을 정복한 것이다." 여기서 드러내지 않기의 세 번째 정치적 차원이 나온다. 드러내지 않기는 시대의 모순적인 명령들로 농간을 부릴 줄 아는 것이다. 누군가가 되기를 요구받는 자리에서는 아무도 아닌 사람이 되고, 오로지 누군가로서만 존재하기를 요구받는 자리에서는 역사라는 위대한 서정비가의 모든 이름들이 되는 것이다.

넷째, 소요逍遙가 있어야 한다. 언제나 가용하지만 언제나 이동 중에 있는 유유자적한 방랑이 있어야 한다. 자본주의에서의 상품 이동이 딱 그런 이미지 아닌가. 생산 조건을 감추고 있지만 단순한 유통 과정에서 누구에게나 가리지 않고 그 조건을 드러낸다. 소요는 이제 벤야민의 말마따나 "삶의 물화된 형태들" 사이를 자유로이 거니는 산책일 수밖에 없다. 산책자는 장사, 매춘, 스러져가는 아름다움의 시인이다. 여기에 산책자를 특징짓는 극도의 정치적 미묘함이 있다. 소요는 현대 세계에 동의하되 그 세계를 건드리지 않는 것, 세계를 거절하는 바로 그 몸짓으로 세계에 들어가는 것이다. 여기에 세계의 더없이 끔찍한 흐름이 정반대 방향으로 돌아설 때까지 끈질기게 추적하는 자세와 새로운 야만에 대한 즉각적 거부 사이의 섬세한 변증법이 수립된다.

다섯째, 마지막으로 일말의 영웅심을 간직하려는 절망적인 시도가 필요하다. "자본주의의 절정에 있는 서정시인"의, 훼손되고 손상되었을지언정 끈질긴 서정성이 고스란히 여기에 있다. 오늘날 벤야민의 이러한 표현이 그로서는 이례적이랄 만큼 낙관적으로 다가오지만 말이다(자본주의의 절정은 이미 19세기에 지나갔다는 얘긴가). 보들레르의 영웅심은 자기만의 삼위일체를 중심으로 한다. 노래하는 시인, 축복하는 사제, 제물을 바치고 자기 자신마저 바치는 병사가 그 세 위격에 해당한다. 우리는 여기서 도시 군중의 현대적인 익명성에 치여 죽어가는 서정적 세계의 절망 어린 비명을 들을 수 있다. 그러나 삶 전체의 물화에 넘어가지 말고 눈에 들어오는 형식으로든 숭고한 형식으로든 새로운 주체성의 형식들을 만들어내라는 좀더 미묘한 정치적 요청도 들을 수 있다. 일반화된 탈영웅화의 경험 속에서도 영웅을 믿는 그 끈질김, 그것 또한 드러내지 않기의 진실이기 때문이다. 들뢰즈라면 소수자들에게 필수적인 이야기 꾸며내기 기능이 끊임없이 거인들을 만들어낸다고 할 것이다.

따라서 보들레르는 드러내지 않기의 현대적 경험이 지닌 이 다섯 가지 특징을 통하여 그 경험에 내재하는 정치적 성격을 완전히 납득시켰다. 그러나 벤야민이 시종일관 강조했듯이 어쩔 수 없는 노릇이다. 그 같은 정치는 모든 차원에서 근본적으로 애매할 수밖에 없다. 도시에 대한 사랑은 완전히 현대적이다. 그러한 사랑은 가장 반동적인 영혼을 고양하는 목가적 향수에 저항하는 것이다. 그러나 도시 사랑은 도시의 흉측함, 인간을 모든 연대, 혈통, 동맹에서 떨어져 나온 잉여 신세로 만드는 도시의 위력까지도 정당화한다. 군중과 다수를 사랑한다는 것은 현대 사회의 불가항력적인 민주화를 가장 내밀한 감성으로 지각하는 것이자 그러한 변화를 증오하고 괴로워하는 것, 군중 속에서 가면을 쓴 고독한 시인, 영원히 그 누구와도 화해할 수 없는 시인으로서만 자기 자신을 용인하는 것이다. 벤야민은 그 점을 제대로 알아차리고 보들레르를 빅토르 위고와 비교한다. "위고가 민중을 기리던 때에 보들레르는 대도시의 민중에게서 영웅의 피난처를 찾았다. 위고에게는 민중이 근대적인 영웅서사의 주인공이었다. 위고의 '시민'은 군중과 한 덩어리가 되어 있지만 보들레르는 '영웅'으로서 군중에게서 떨어져 나온다."

영웅심과 익명성의 필연적인 애매성이 여기서 나온다. 영웅을 꿈꾼다는 것은 축복, 노래, 희생 같은 현행적인 선善의 도래를 추구하는 것이자 영웅의 위업으로만 씻어 내고 구원할 수 있는 지난날의 잘못들을 날카롭게 의식하고 표현하는 것이다. 익명성을 꿈꾼다는 것은 몰인격적인 자유, 죄를 짓고도 벌 받지 않을 자유를 꿈꾸는 것이다. 보들레르의 축소하기 어려운 근본적인 양가성 또한 여기에 있을 것이다. 그는 포의 '군중 속의 인간'으로 현대적 삶의 화가, 산책자로서의 예술가, 보편적 삶의 세계에 속한 인간을 삼았다. 그러나 그는 그 인간이 전혀 다른 위상도 지니고 있다는 점을 잘 알고 있었다. 포에게 군중 속의 인간은 "심오한 범죄의 천재이자 전형"이지만 포를 번역한 보들레르의 표현을 빌리자면 다행스럽게도 "[남들에게] 읽히지 않는" 인간이다.[27]

사실 소요에 내재하는 애매성을 벤야민보다 더 잘 알

아차릴 수 있는 사람은 없었다. 소요는 한편으로 질서와 노동의 사회에서 미세한 저항의 몸짓으로서 귀중하다(그래서 훗날 테일러는 노동의 '과학적인' 조직화를 부르짖으면서 "소요와의 전쟁!"을 슬로건으로 내세운다). 그러나 다른 한편으로 "산책자가 자신을 내맡기는 그 도취는 고객의 물결이 부딪히는 상품의 도취"다. 근대 프티부르주아의 경험 그 자체인 것이다. 보들레르, 적어도 우리가 관심을 두는 '벤야민이 읽은' 보들레르는 현대의 드러내지 않기가 얼마나 정치적인 경험인가를 누구보다도 잘 보여주었다. 그러나 이 경험은 적어도 언뜻 보기에는 엄밀히 말해서 진위를 결정할 수 없는 정치에 속한다.

전체주의의 불길한 재개

우리는 여기서 멈출 수도 있을 것이다. 드러내지 않기를 반쯤은 반동적이고 반쯤은 진보적인, 반쯤은 혁명적이고 반쯤은 댄디즘에 입각한(블랑키*와 현체제 지지파 사이

---

* Louis Auguste Blanqui, 프랑스의 혁명가(1805–1881). 파리에서 법률과 의학을 전공하다가 정치적인 혁명에 참가해 40여 년간을 옥중에서 보냈다. 그는

에 있는), 반쯤은 자본주의에 반대하고 반쯤은 극도로 자본주의적인, 그렇게 근본적으로 애매한 정치적 정념으로 보는 선에서 그칠 수도 있다. 그러나 20세기에 들어서서 포악한 전체주의가 출현했고 우리가 거기서 완전히 벗어났는지조차 아직 확실치 않다. 전체주의는 아마도 우리의 정치적 지평에 특수한 가능성으로 남아 있으며 여기저기서 파편적으로, 새로운 미세한 실험들로서 진행되고 있다. 그런데 그처럼 추악한 짓거리들이 있었기에 오랫동안 드러내지 않기의 경험은 새로운 신뢰성, 새로운 정치적 영향력을 지닐 수 있었다. 사실 끊임없이 감시당하고 통제당하는 것보다 끔찍한 일이 또 있을까? 더 이상 숨을 곳, 자기만의 아지트, 한순간이라도 타인들의 시선에서 벗어날 수 있는 곳이 아무 데도 없다면, 자기 생각을 아무 위험 없이 있는 그대로 글로 쓸 수 없다면, 친아버지, 아내, 어릴 때부터의 친구가 스파이일지도 모른

소수 정예의 혁명가 집단의 무장봉기에 의해서만 혁명이 달성될 수 있다고 생각하고, 강력한 여러 비밀결사와 봉기를 조직했는데, 극단적인 폭력주의를 '블랑키즘'이라 부른다.

다는 의심 때문에 그 누구에게도 비밀스러운 속내를 털어놓을 수 없다면 그 이상 끔찍한 일이 있을까? 전체주의는 각 사람의 비밀을 파내기 위해서 신체 안까지(진실을 고백하게 만드는 약이라든가), 꿈속에서까지(수면을 조종하는 방법으로)[28] 밀고 들어온다. 물론 더 극악무도한 일들도 있었다. 이름 없는 가혹 행위, 대량 학살, 아우슈비츠 수용소와 콜리마 수용소. 그러나 파렴치함으로 따지자면 자신을 숨길 수 없다는 이 불가능성은 어마어마하고 잔악한 학살 바로 다음 순위에 올 만하다. 비밀도, 미스터리도, 한 점 그림자도 없는 삶, 자기와 타자 사이에나 자기와 자기 사이에 아무런 틈이 없는 삶은 절대적인 무한 공포로 치닫게 마련이고 장기적으로는 우리 안의 인간성을 모조리 말살할 터이기 때문이다. 한나 아렌트는 이미 1940년대 말에 그 점을 강력하게 의식하고 있었다. "전체의 공포는 모든 인간을 서로가 서로에게 떠밀리게 압박함으로써 사람과 사람 사이의 공간을 말살한다."[29]

그러한 '사이 공간'인 '츠바이라움Zweiraum'은 자유의 최소 공간이다. 이 공간이 있기에 우리는 가까워졌다가 멀어졌다가 할 수 있고, 말과 침묵 사이를 오갈 수 있고, 때에 따라 자신을 드러낼 수도 숨길 수도 있는 것이다. 이 공간은 히틀러적인 추잡한 '생존 공간', 즉 '레벤스라움Lebensraum'과는 다른 의미에서 훨씬 더 필수 불가결하다. 게다가 그러한 의미에서 전체주의 체제는 그저 '일반적인' 폭정과 구별된다. 일반적인 폭정은 정적들을 제거하고 정치 생활의 자유를 말살할지언정 나머지 인구는 다소간 조용히 눈에 띄지 않게 살아가도록 내버려둔다. 그러나 전체주의는 모든 시민을 잠재적 정적 혹은 반역자로 가정하고 매순간 감시와 통제를 가한다. 폭정이 공적 시간과 공간을 파괴한다면 전체주의는 모든 시간과 공간을, 각 사람의 공적이지 않은 시공간마저도 모조리 장악하고 파괴한다. 폭정은 각 사람이 공적인 삶에서 물러나 드러나지 않게 행동하지 않을 수 없도록 강요하지만 전체주의는 드러내지 않기의 가능성 자체를 파괴한다. 이것이 한나 아렌트가 말하는 '고립loneliness', 다시 말해 출구의 가능성조차 없는 심원한 고독이다. "전체의 공포는 모든 인간을 서로가 서로에게 떠밀리게 압박하여 사람과 사람 사이의 공간을 말살함으로써 고독의 잠재적인 생산성마저도 파괴한다." 뒤집어서 말해보자면 드러내지 않기에 대한 사랑은, 사람으로 가득 차 있고 타자에게로 향해 있고 열려 있는 고독을 사랑하는 것이므로 이미 그 자체로 전체주의적 질서에 대한 저항이다. 그리고 아마 드러내지 않기야말로 전체주의에 대한 저항의 발단이 되는 경험일 것이다.

그렇지만 한나 아렌트는 여기서 더 나아간다. 전체주의 체제 아래서 삶의 흉측함은 더욱더 양면성을 띠는 까닭이다. 전체주의에서의 고립이란 근본적으로 비밀도 없고 물러남도 없고 애착이나 초탈이 가능한 시공간이 없는 삶이다. 여기서는 '내버려둠'의 개념 자체가 거의 불쾌한 것이 된다. 그러나 다른 한편으로 언제나 끊임없이 위험에 처해 있으니 엿보는 자들을 경계하며 신중하고 비밀스럽게 처신하지 않을 수 없다. 이러한 관점에서 전체주의 질서에 저항한다는 것은 드러내지 않는 처신뿐만 아니라 때로는 죽음을 무릅쓰고서라도 입을 열 수 있는 용기, 자신을 드러내고 거부와 분리를 공개적으로 표명하는 용기, "나는 당신들과 다릅니다"라는 공적 선언까지도 포함한다. 드러내지 않기의 애매한 성격을 영원히 받아들이는 셈이랄까. 공적인 장과 공적인 발언이 없으면 정치적인 드러내지 않기도 없기 때문이다. 드러내지 않기와 공적인 장은 이중적인 상호전제 관계에 있다. 공적인 장이 있어야 드러내지 않는 사람이 거기서 물러나거나 접근하거나 할 수 있지만 드러내지 않는 사람들이 있어야만 공적인 장을 예정된 파괴에서 보호할 수도 있는 것이다. 사람들이 입을 다물어야 공적인 발언이 경청될 수 있지만 사람들이 말을 해야만 고독이 고립으로 변질되지 않을 수 있다.

그래서 한나 아렌트가 본질적으로 상이한 두 현실을 전체주의라는 개념으로 싸잡아버렸다고 비난할 수도 있을 것이다. 길에서 벗어난 휴머니즘으로서의 공산주의와 대놓고 추잡스러운 나치즘은 별개다. 하지만 우리가 아렌트의 관점을 잘못 이해했을지 모른다. 사실 아렌트의 시각은 훨씬 더 광범위하다. 전체주의를 현대성의 지평―이른바 자유주의 사회의 지평까지도 포함해서―으로 이해하는 시각이라는 말이다. 이런 면에서 아렌트의 시각은 드러내지 않기를 모든 현대 정치의 근본 경험, 이제 애매성이 정치적 성격에 제약이 되지 않고 오히려 힘과 통찰력으로 작용하는 경험으로 삼는다고 할 수 있다.

거시정치적 드러내지 않기와 미시정치적 드러내지 않기

이제 마지막 질문으로 마무리를 해보자. 이처럼 드러내지 않기에 대한 옹호론을 이야기하는 것은 단지 기 드보르의 『스펙타클의 사회에 대한 논평』에 대한 추가 논평이나 하는 셈 아닐까?[30] 앞서 우리가 살펴본 내용이 보들레르 이후의 또 다른 때 아닌 산책자 드보르의 분석과 매우 비슷한 데가 있는 것만은 분명하다. 하지만 드보르는 최소한 두 가지 면에서 우리와 근본적으로 거리가 있다. 일단, 가장 중요하게는, 드러내지 않기의 경험은 "스펙타클이 되어버린 상품에 대한 전면적 비판"이 결코 아니라고 지적할 수 있겠다. 심지어 어떤 면에서는 되레 그 반대다. 스펙타클 그 자체는 전혀 나쁘지 않다. 오히려 어떤 것이 스펙타클로 보일 수 있으려면 드러내지 않는 영혼의 소유자들이 있어야만 한다. 우리가 드보르와 뜻을 같이 하는 부분은, 스펙타클 외에는 아무것도 없다면 정말 끔찍하다는 거다. 하지만 우리는 그 점에 있어서 작금의 현대 사회가 꼭 그렇지만은 않다고 본다. 모든 이의 소외가 일반화되었다는 가설은 너무 광범위하고 너무 피해망상 같아서 설득력이 없다. 그리고 한쪽에 "실제

의 삶"이 있고 그 삶의 "빈곤, 예속, 부정"으로 여겨지는
스펙타클이 다른 한쪽에 있다는 구분은 스펙타클에 대한
드보르의 비판 전체를 떠받치기 때문에 여러 면에서 몹
시 중요한데, 우리는 이 구분도 결코 타당하지 않다고 본
다. 우선 "실제의 삶" 혹은 모든 연출을 벗어던진 "벌거벗
은 삶"이 도대체 뭔지 우리는 잘 모른다. 드러내지 않기
도 궁극적으로 어떤 면에서는 잠시 잠깐의 사라짐을 연
출하는 것 아닌가. 그리고 상품과 광고의 지배를 비판하
기 원한다면 '빈곤'과 '부정'을 순전히 부정적으로만 말
하지 않도록 유의해야 할 것이다. 아마도 거기에 독약과
해독약이 다 같이 있을 것이기 때문이다.

   우리와 드보르의 이 두 가지 차이점은 어떤 면에서 우
리가 말하는 '드러내지 않기의 정치'의 두 가지 근본 원
리이기도 하다.

   첫째 원리는 현대 정치의 근본적인 비대칭성을 받아들
이는 데 있다. 한쪽에는 무슨 수를 써서라도 민주적인 투
명성의 형식들을 지켜나가고 모두가 가시성을 확보하여
자유재량권의 잔혹한 공포를 피해갈 수 있어야 한다는
비밀 없는 거시정치가 있다. 다른 한쪽에는 익명성의 형

식, 개인이 구별되지 않는 지대, 눈에 띄지 않는 변화, 들뢰즈와 가타리가 말하는 미끄러운 공간을 진작시키는 드러내지 않기의 미시정치가 있다. 이러한 거시정치와 미시정치는 균형을 이루고 있지 않다. 이런 의미에서 일단 모두가 마을 혹은 지구촌의 열린 광장에서 자신을 드러내리라는 그리스적인 꿈 혹은 혁명적인 꿈은 전복된다. 살아 있는 민주사회는 각 사람이 모습을 보이고 자신의 권리와 존엄을 인정받을 수 있는 사회, 그러면서도 각 사람은 타자와 세상에 어느 정도 여지를 넘겨주기 위해서 수시로 그렇게 하기를 삼가야만 하는 사회다. 그리고 사적인 삶과 공적인 삶에 대한 부르주아적인 구분 또한 전복된다. 드러내지 않기의 경험은 꼭 사적인 경험만은 아니며 타자들 틈에서, 거리에서, 군중 속에서, 시위 현장에서 전개되기도 한다. 반면 공적인 삶 또한 사생활을 불쾌하게 드러내는 데 반대하거나 공적인 삶에 참여하는 사람들도 수시로 공적인 공간에서 물러나게 함으로써 어떤 면에서 드러내지 않기와 비슷한 면이 있을 것이다.

　드러내지 않기의 정치에 있어서 두 번째 근본 원리는 드보르의 『스펙타클의 사회』의 실천적 결론, 즉 '기다림'

을 체념하는 데 있다. 드러내지 않는 사람들은 세계의 생성을 침통하게 관조하는 자세로 물러날 뿐 결코 기다리지 않는다. 그들은 마이스터 에크하르트가 바라본 마르타가 그랬듯이 늘 사물과 존재 속에서 분주하게 살아간다. 이건 정치적으로 결국 이런 얘기다. 행동을 취하기 위해서 적절한 때, 조명이 비치는 순간, 천우신조의 사건을 기다려서는 안 된다. 드러내지 않기는 존재와 사물의 출현에 좌우되지 않으며 오히려 그 출현을 조건화한다. 드러내지 않기의 힘이자 소박함은 그런 거다. 개미들의 정치와도 같이.

사라짐의 기술

———

가령 M.이 갑자기 여기 들이닥친다면 끔찍할 것이다. 물론 밖에서 볼 때 내 입장은 꽤 괜찮을 것이다. 나는 사람들에게 인간적이라는 평가를 받을 것이고, 순전히 인사치례만은 아닌 말을 들을 것이며, 대외적으로나 사회적으로 H. 박사와 거의 맞먹게 될 것이다. 하지만 그로써 나는 내가 살 수 없는 세계에 끌려들어가게 될 것이다.

_ 카프카, 『카프카의 일기』, 1922년 1월 29일

드러내지 않기는 최근에 등장한 기술, 정확하게는 미시 정치적인 기술이다. 우리가 매일 마주치는 익명의 수백만 인구가 이 기술을 구사하고 있지만 우리는 거의 알아차리지 못하거나 상대가 이미 다른 곳으로 떠난 후에야 희미한 향수가 어린 의심을 품곤 한다. 이러한 진술은

우선 드러내지 않기가 기본적으로 도덕이 아니라 정치에 속한다는 뜻이다. 물론 우리가 살펴보았듯이 모든 문화권에서 모든 도덕은 어떤 형태의 드러내지 않기를 칭찬하고 권고한다. 그러나 타자 혹은 세계에 여지를 내주기 위해서 자기 표명 혹은 등장을 제한하거나 축소한다는 점에서 매번 그 방식은 부정적이다. 이처럼 도덕이 명령하는 드러내지 않기는 적극적이지 않다. 하지만 드러내지 않는 처신은 자기 제한 그 이상이다. 드러내지 않기는 창조하고, 내주고, 사랑하고, 존재하게 내버려둠이다. 또한 도덕이 명령하는 드러내지 않기에는 드러내지 않기 특유의 전복적인 힘, 우리 사회처럼 보편적 가시성이 팽배한 사회에서 더욱 중요한 그 힘이 빠져 있다.

둘째로, 그럼에도 불구하고 그 같은 기술을 미시정치적이라고 규정하는 까닭은 또 다른 기술, 국가기밀과 모든 은밀한 권력에 고유한 거시정치적인 기술과 명확히 구별되어야 하기 때문이다. 거시정치적인 기술은 역사적으로 더 오래되었고 주로 르네상스 시대에 발전했으나 멀게는 고대에 뿌리를 두고 있다. 이 기술은 자기 모습을 보이지 않고 남이 보이지 않는 것은 우리도 보지 않는 소박힌 즐거움으로서의 드러내지 않기가 아니라 가면, 위장, 기만, 책략의 기술이다. 이 기술은 결국 순전히 드러냄의 기술, 보여줘야 할 것과 감춰야 할 것의 기술이다. 그런데 미시정치적인 기술은 무엇보다도 사라짐의 기술이다. 아무것도 감추지 않아서 더는 보여줄 것도 없게 되는, 자신의 존재마저 있는 듯 없는 듯 만드는 기술 말이다.[31] 그러한 기술은 전체주의 국가들에서 그 무시무시한 절정에 이르렀다. 하지만 역설적이게도 그 반작용으로 드러내지 않기의 진정한 기술은 전체주의 국가들에서 정말로 정치적인 위상과 신뢰성을 얻게 되었다. 감시가 일반화되고 일말의 여지도 없이 자기이미지에 온전히 복속된 사회, 새로운 유형의 '소프트' 전체주의 속에서 드러내지 않기는 진지한 정치 참여의 필요 불가결한 조건이 되었다.

셋째, 드러내지 않기의 기술이라는 말은 드러내지 않기는 학문이 아니기 때문에 개념적으로 완벽하게 규정될 수 없다는 뜻을 부분적으로 담고 있다. 드러내지 않기는 사소한 몸짓, 미묘한 자세와 시선, 언뜻 피하는 듯 보이는 눈길 들로 이루어져 있는데 이런 것들은 항상 너무 큰 개념의 그물코를 빠져나가게 마련이다. 그리고 또 부분적으로는 그 기술이 정치적일지라도 예술가와 작가 들을 통해서만 가르칠 수 있다는 뜻도 담고 있다. 드러내지 않기의 기술은 관점이기에 이론이나 고행으로 익힐 수 있는 것이 아니다. 달리 말해 사제, 예언자, 지나치게 통찰력 있는 대가가 별 힘을 쓰지 못하는 정치의 한 형태라 하겠다.

그러니 결여에 해당하는 몇 가지 특징들을 규명해보자. 그러나 그것이 뚜렷한 종합을 이루어낼 수 있기에 다행스러운 결여라 하겠다.

예술과 사라짐

블랑쇼는 아마 현대 예술의 본질을 사라짐의 기술로 규정하려는 시도를 가장 멀리까지 밀고 나간 인물일 것이다. 그리기, 글쓰기, 어쩌면 필름으로 기록하는 것까지도 항상 사라짐의 추구일 뿐이다.[32] 적어도 세 가지 의미에서 그렇게 이해할 만하다. 우선 작가의 사라짐으로 이해할 수 있다. 작품만이 중요하다. 예술가의 심리 상태는 중요하지 않으며 예술가의 영광이나 재능, 심지어 예술가`라`는 위상은 더욱더 중요치 않다. 이런 의미에서 모든 진정한 예술가는 "몰인격적인 중립성만이 말하는 것 같은 지점"을 지향할 수밖에 없다. 그다음으로는 작품 자체의 사라짐이 있다. 세잔의 말마따나 결과보다는 '실현'이 중요하기 때문이다. 완성된 대상보다는 기본적으로 대상과 입장 밖에서 방향이 결정되는 생산 과정이 중요하기 때문이다. 그래서 블랑쇼는 카프카와 발레리라는 판이하게 다른 두 작가가 서로 만나는 이 명제 "나의 모든 작품은 연습일 뿐이다"를 대하며 감탄한다. 마지막으로 예술과 문학 그 자체의 사라짐이 있다. 작품조차도 "예술이 자기를 감추고 사라지는 곳에서만 예술을 현존하게 하기 때문에" 예술과 문학은 본질적으로 비예술, 비문학을 지향한다고 하겠다.

물론 블랑쇼가 때로는 존재하는 모든 것, 예술가, 작품, 예술 그 자체마저 깎아내리는 별난 허무주의에 빠진다고, 그래서 본인의 말마따나 "모호하고, 고통스럽고, 어려운 추구"를 통하여 비극적이랄 만큼 희생적인 문학 개념을 내세운다고 비난할 수도 있다. 때로는 그가 아예 반대로 '정념'의 용어들로 표현되는 너무 무분별한 문학 개념을 내세운다고 비난할 수도 있다. 그 용어들에서는 '파토스'와 스펙타클의 의미가 여전히 너무 강하게 감지되고, 스스로 물러난다 주장하지만 실상은 고집스러운 현존이 있다. 그러나 우리에게는 이 두 비판이 서로를 무효화하는 듯 보인다. 블랑쇼의 범상치 않은 문장들을 드러내지 않기의 기술의 진정한 초안으로 여길 수 있기 때문에 더욱더 그렇다. 그 기술은 실제로 다음과 같은 삼중의 움직임을 중심으로 한다. 일단, 가장 광범위한 그리스도교적 의미에서의 '작품œuvre'*을 완수하기 위해서 자기 자신을 비밀에 부치는 움직임이 있다(그리스도교적 자선의 완성은 자신의 선행을 알리지 않는 데 있기 때문에). 다시 말해 자신의 책, 그림, 영화뿐만 아니라 자기가 세상에 낳은 것들, 자신의 증여와 행위도 숨겨야 한다. 그다음으로는 작품을 낳은 가장 본질적인 무위無爲의 이름으로 작품 자체도 비밀에 부친다. 드러내지 않는 자들의 속성은 더욱 본질적인 무위에서 출발해서만 뭔가를 할 수 있음을 안다는 데 있다.

---

* 불어의 'œuvre'라는 단어는 '작품', '저서'라는 의미에 더불어 도덕적, 종교적 '행위' 혹은 '자선사업'의 의미가 있다. 본문에서는 이중적인 의미로 쓰였다.

그래서 그들은 오늘날의 꼭두각시 이상주의자들보다는 아무것도 하지 않는 사람들에 더 가까워 보인다. 마지막으로 무위의 경험이 지닌 이름들조차 비밀에 부치는 움직임이 있다. 예술, 문학, 사유는 결코 진짜 삶의 이름들이 아니다. 진짜 삶의 부재, 그러한 삶의 추구에 붙여진 이름들일 뿐이다.

어쨌든 이런 의미에서 드러내지 않기의 기술은 본질적으로 사라짐의 기술로 나타난다. 자기 자신을 부정하거나 죽기를 원하는 기술이 아니라 항상 '밖으로 내딛는 걸음', 항상 자신의 진실을 앞질러 바라보는 시선, 그러면서도 우리를 실질적으로 정의하는 모든 것, 자기, 작품 혹은 당파가 사라지기를 바라는 것이다. 그리고 바로 이런 의미에서 블랑쇼는 우리에게 결정적인 중요성을 띤다. 우리가 형상, 지위, 발견, 존재가 아니라 몸짓, 움직임, 추구, 생성에 지나지 않는다는 생각을 이렇게까지 깊게 파고든 사람이 달리 누가 있는가?

이산과 연속

물론 모든 예술은 자신의 규칙을 숨기는 것을 속성으

로 삼는다. 예술은 학문이나 산업이 되지 않는 한 결코 자신의 규칙을 명확하게 하나의 의미로 발화할 수 없다. 그러나 드러내지 않기의 기술—예술에서 적어도 무엇이 근본 규칙인지는 말할 수 있다. 절대로 이 단어의 수학적 의미를 잊지 말 것, 다시 말해 수학에서 말하는 이산le discret이 불연속을 뜻한다는 것을 잊어서는 안 된다. 이산 수학은 실수實數처럼 연속적인 성질이 있는 대상이 아니라 주로 정수正數와 같이 서로 구분되는 값을 가지는 대상을 연구한다.

그 점을 기억해야 할 첫 번째 이유는 사라짐의 기술과 더는 존재하고 싶지 않다는 욕망, 즉 죽음 욕망을 뚜렷이 구분할 수 있기 때문이다. 전자는 실제로 생의 근본적인 불연속성을 받아들이는 기술이다. 나타남과 사라짐은 언제나 갈마들고 드러내지 않기는 늘 어떤 것의 결핍으로 환원되는 성격적 특징이나 자질(수줍음, 비겁함, 약함)이 아니라 특이하고 일시적인 경험이나 입장을 가리키는 한에서만 가치가 있다. 반면에 후자, 즉 죽음 욕망 안에서는 잃어버린 연속성과의 재회를 꿈꿀 뿐이다. 신, 자연, 어머니… 드러내지 않기를 즐긴다는 것은 그 향유가 영원할 수 없음을 먼저 인정하는 것이다. 영원하고 균일한 생을 기쁘게도 완전히 체념하는 것이다. 그러한 생이야말로 사람을 못살게 하는 허다한 욕망의 원천이다.

두 번째 이유는 좀 더 복잡하다. 현대 수학은 기본적으로 연속(미분계산, 함수, 위상기하학, 미분기하학)을 좀 더 제대로 이해함으로써 발전했지만 우리의 일상생활은 근본적으로 연속보다 이산이 우위를 지킬 것을 요구한다. 드러내지 않기는 공간에 대한 경험, 그리고 분리된 장소들(피난처, 숨을 곳, 아지트, 무대, 광장, 연단)로 이루어져 있기에 애초부터 불연속적인 공간에 대한 경험이다. 우리는 또한 드러내지 않기가 순간의 연속이 아니라 생성-변화로 이해되는 시간에 대한 경험이라고 말할 수 있다. 이 시간에 대한 경험 역시 분리된 생성들로 이루어진 불연속적 경험이다. 그러한 생성들은 순간들instants이 아니라 계기들moments이기에, 연속이라는 수학적 영원과는 거리가 멀어도 한참 멀다. 그런데 현대 수학자들은 물리학자들의 요청에 따라서 응용수학들을 만들어내야만 하고 대부분의 시간을 이런 식으로 처리한다. 그들은 모든 실수 값에 대한 연속함수를 만들어낼 수 없기에 이산 수열로 그러한 값들을 파악하려고 한다. 이것이 수학자들이 말하는 이산화─디지털화discrétisation, 즉 이산을 통한 연속에의 근접이다. 이산은 적어도 실생활에서는 항상 우위를 유지한다. 수학자들이 대부분 그렇게나 호감 가고 겸손하고 드러나지 않게 살아가는 까닭도 아마 여기에 있지 싶다. 그들은 연속성은 꿈에 불과하다고, 우리는 불연속적으로 사유하고 행동하고 살아갈 수밖에 없으며 그러한 경험은 불완전하지만 생생하다는 것을 일깨워주기 위해서 불연속이 존재한다고 애초에 알고 있는 것 같다.

마지막으로, 우리가 드러내지 않기와 불연속 사이의 수학적 정체성을 기억해야 할 세 번째 이유를 들 수 있다. 다소 괴상야릇하지만 앞에서 거론한 이유에서 필연적으로 파생되는 또 하나의 이유라 하겠다. 수학적 의미를 생각한다면 드러내지 않기의 경험을 결정적이고 근원적이고 우월한 경험으로 제시하기는 곤란하다. 오히려 수학적 정신은 사실은 연속이 불연속을 능가하지만 우리가 작정하고 실재를 상대하려면 불연속(드러내지 않기)을 경유할 수밖에 없고 끊임없이 불연속(드러내지 않기)으로 돌아가야만 한다고 우리를 일깨운다.

회색에 회색을 덧칠하여 자기를 그려냄

블랑쇼는 도저히 화합할 것 같지 않은 카프카와 발레리가 적어도 한 가지는 의견 일치를 보았다는 점에서 문학에서의 사라짐이 의미하는 본질 중 하나를 보았다. 두 작가는 지위, 작품, 소속을 희생할 수 있을 만큼 연습을 사랑했다. 철학에서도 그와 비슷하게, 모든 점에서 다른 우리 시대의 위대한 세 사상가가 적어도 한 가지 점에서 의견 일치를 보았다. 한쪽에는 헤겔이, 다른 쪽에는 들뢰즈와 가타리가 있다. 그들의 합일점은 회색에 대한 사랑이다. 헤겔은 실제로 이렇게 인정하지 않았는가. "철학이 회색을 자신의 회색으로 덧칠할 때면 이미 생의 모습은 늙어버린 후이고, 이렇게 회색으로 회색을 덧칠해 봤자 생의 모습은 젊어지지 못하고 다만 인식될 뿐이다." 한편 들뢰즈와 가타리는 헨리 제임스의 걸출한 단편 「우리 안에서In the Cage」에서 영감을 받아 논평을 하면서 이렇게 쓴다. "우리는 더 이상 숨길 것이 없기 때문에 더 이상 파악되지 못한다. 지각되지 않는 자기 자신이 된다는 것, 사랑을 해체하고 비로소 사랑할 수 있게 된다는 것. 자신의 고유한 자아를 해체하고 비로소 혼자가 되어 저 반대편에서 진정한 분신을 만난다는 것. 정주하는 여행의 밀항객. 누구나와 똑같이 되는 것, 하지만 오직 아무도 아닐 수 있는 사람, 더 이상 아무도 아닐 수 있는 사람에게만 가능한 일일 뿐. 회색에 회색을 덧칠하여 자신을 그려낸다."[33]

물론 들뢰즈와 헤겔은 서로 상반되는 철학을 주장한다. 그러나 그들이 최소한 한 가지는 뜻을 같이한다는 것을 거듭 확인할 수 있다. 아마도 유일하게 합의하는 부분이겠지만 그 합일만큼은 절대적이다. 회색은 삶과 정신의 유일한 색채다.[34] 헤겔의 짐짓 꾸며낸 우수에 속아 넘어가서는 안 된다. 그는 과거의 영화를, 더 이상 우리에게 와 닿지 않는 아름다움의 예술을 조금도 아쉬워하지 않는다. 그는 회색, 건조한 개념, 얼룩덜룩한 나타남이 진리 속의 사라짐으로 환원되는 것을 좋아한다. 반대로 들뢰즈와 가타리가 모든 욕망, 모든 삶의 모습을 호의적으로 옹호한다고 믿어서도 안 된다. 사실 그들도 헤겔 못지않게 사유의 메마름과 헐벗음을 매력으로 삼는다.『안티 오이디푸스L'Anti-Œdipe』에서 그들은 사람들이 "지나치게 눈에 띄기" 때문에 참을 수 없노라 주장하기에 이른다. 핵심은 이거다. 19세기 초에서 21세기의 여명기까지 철학자들은, 서로 입장이 상이한 철학자들조차도 드러내지 않기, 몰인격성, 나타나지 않음에 다 같이 호의적이었다. 다시 말해, 그들에게는 보이는 것 대신에 사유되는 것이 중요하다. 이로써 나타나지 않음, 표면상의 드러내지 않기는 그 자체로(자기 자신이 보기에), 혹은 앞으로의(언젠가 모든 후세 사람들이 보기에) 실재의 나타남을 고려할 뿐이라는 고대 및 중세의 모델을 완전히 파괴했다. 드러내지 않기는 이제 자기와 상반되는 것에 대한 기대처럼 사유되거나 체험되지 않고 자기 자신에 대한 긍정이 되었다.

이 같은 합일점에서 끌어낼 수 있는 가르침은 하나뿐이겠지만 그 하나가 상당하다. 오늘날 철학을 한다는 것은 수준과 포부가 어떻든 간에 애초에 나타남을 체념하는 것이다. 나타남 자체가 나쁘기 때문이 아니라 오늘날의 시대정신이 사라짐, 드러내지 않기에 있기 때문에 나타남은 결국 시대정신에 대한 사유를 포기하는 거나 다름없다. 이런 의미에서 오늘날 여전히 미디어 혹은 사회의 서커스에 편입되는 이들을 지나치게 기분 나쁘게 여길 필요는 없다. 그들은 죽은 정신의 진영에 있을 뿐 잘

못한 게 없다. 사유를 살아 있는 것에 집중시키는 것만이 중요하다. 오늘날 경험되고, 창조되고, 사유되고, 공유되는 모든 것은 그러한 서커스에서 멀리 떨어져 있다. 물론 어떤 의미에서는 막강한 조사 능력이 요구된다. 신기원을 이루고 의미를 낳는 것을 현실 안에서 파악할 수 있다는 헤겔적인 의미에서도 그렇고, 또 다른 의미에서 신문 읽기나 TV 시청을 멈추고 좀 더 특이한, 다시 말해 사라져가는 소수의 다른 정보 출처들을 참조해보는 소박한 과업만으로도 족하다. 경우를 막론하고 어떠한 향수도 없이, 현재의 삶에 대한 기대 속에서 오늘날 철학이 이루어야 할 과업은 이렇게 명명될 듯하다. 뚫고 나오는 것보다는 사라져가는 것을 포착할 것.

소리가 나지막한 아름다움

어떻게 보자면 드러내지 않기의 기원과 모델은 엄밀한 의미에서 정치적 아름다움일 수밖에 없다. 이는 곧 현대 도시에서 함께 살아가는 삶의 아름다움이다. 벽도 없고 이질적인 외부도 없는 폴리스. 도시 자체의 외부는 도시에 속해 있다. 그래서 애초에 세상을 사로잡겠다는 과시적인 아름다움도, '행복한 소수'에게만 흠잡을 데 없는 내면의 매혹으로 다가가는 조용한 아름다움도 없다. 그러나 벌거벗은 익명의 아름다움, 볼 줄만 알면 누구에게나 주어지는 아름다움이 있다.

사실 우리는 보들레르를 통해 드러내지 않기라는 현대적 경험은 도시의 군중 속에서 이뤄진다는 것을 살펴보았다. 이 경험은 자신의 폴리스, 지금 우리에게는 도시에서 살아간다는 의미에서 정치적이다. 현대 서구 사회에서 농민은 2, 3퍼센트에 불과하고 지금으로서는 대도시 근교 인구가 우리가 아는 한 아무런 공동생활의 대안 모델을 제시하지 않고 있으므로 더욱더 정치적으로 보기에 합당한 경험이라 하겠다. 개인들이 중요하지 않아서, 그들이 어떤 진실도 지지하지 않아서가 아니라(드러내지 않는 영혼은 결코 개인으로서 중요시되지 않으며 모든 사람이 진실이라고 보는 바에 동의한다) 그들 자체가 이 진실 안에 있기 때문이다. 중요한 것, 의미를 지니는 것은 도시의 군중이다. 바로 이러한 이유에서 농민들은 분노할 일이 있으면 일부러 도시로 올라와 관청 앞에 운집한다. 비록 트랙터를 동원할지라도 그렇게 대도시의 익명의 힘을 행사하는 것이다. 그래서 대도시 근교 거주자들도 재미를 보거나 항의할 일이 있으면 도시로 간다. 어찌 됐든 도시에 있다는 것이 중요하다. 이름도 없고, 얼굴도 없고, 지위도 없는 군중 혹은 다수로서.

이런 의미에서 '군중'은 현대성이 계발한 모든 익명의 아름다움들의 메타포로 이해되어야 한다. 거리예술과 도시예술, 인터넷상의 덧없는 창작물, 아마추어 운동선수들의 주목받지 못한 아름다운 몸짓, 심지어 지하철에서 언뜻 스치고 간 미소까지도 익명의 아름다움이라 하겠다. 익명의 아름다움은 그 아름다움을 구현하는 사람과 차별화되지 않으며 그저 그의 몸짓, 그의 자세, 몰인격적으로 잠시 나타났다 사라지는 그의 생명력일 뿐이다.

우리는 그러한 현상을 '소리가 나지막한 아름다움', 다시 말해 그리스인들이나 고전 시대가 우리에게 전해준 아름다움과 정반대되는 것으로 칭할 수 있다. 배경도 없고 보이지 않는 것과의 소통도 없는, 오로지 재현을 통해서만 주어지는 아름다움과는 정반대라는 얘기다. 그저 반성적인 판단일지라도 어쨌든 아직 어떤 판단에 속하는 아름다움과는 정반대다. 오히려 모든 판단을 빠져나가며 본연의 존재보다는 결과물(약간의 기쁨, 에너지, 다정함 등) 때문에 가치 있는 아름다움이랄까. 그와 동시에, 가장 추한 것에서 가장 아름다운 것으로 상승하는 방식으로 뚜렷한 위계질서에 따라서 구성되는 아름다움과는 정반대다. 그보다는 회색, 구별되지 않는 것, 위계질서 없이 불현듯 솟아났다가 일상생활의 공통적인 면으로 돌아오는 것의 아름다움이다. 그런 아름다움은 민주적이다.

외적인 경험

조르주 바타유는 우리보다 앞서 놀라운 용기를 발휘하여 신에 대한 모든 생각에서 떨어져 나온 일종의 신비 체험을 실제로 살고 사유하고자 했다. "어떤 고백에 해당하는, 애착은 물론이고 기원에서조차 자유로운 벌거벗은 경험."[35] 바타유는 이것을 역설을 무릅쓰고 "내적 경험"이라고 불렀다. 이 경험은 원래는 수용이고, 어떤 형태의 외재성과의 만남이다. 그렇지만 우리가 살펴보고자 노력했던 드러내지 않기의 경험은 여러 측면에서 바타유의 경험과 대척점에 있는 것처럼 보이거나 최소한 그 이면이라고 봐야 할 것 같다. 사실 내적 경험은 무엇보다 "한 인간이 흥분과 불안 속에서 존재의 사태에 대해서 아는 바를 의문시하는 것(시험하는 것)"이다. 반면 드러내지 않기는 인간의 유일한 인류학적 목적(구별되지 않음으로써 '평정'을 얻는 것, 여기서 '평정'은 '내버려둠'의 의미다) 너머에 있는 모든 것을 아무 의문 없이 맞아들이기 때문에 흥분도 없고 불안도 없고 아무런 일반적 파토스도 없다. 그러한 평정은 우리를 온 세상에 열어준다. 그 세상은 인간의 세상이지만 동물, 식물, 무기물의 세상이기도 하다.

마찬가지 맥락에서 바타유는 자신의 경험을 "인간의 가능성들의 끝까지 가보는 여행"으로 여겼다. 모든 권위를 부정하고, 가능성의 탐사를 제한할 수도 있는 모든 금기를 위반하면서 밀고나가는 여행. 따라서 그 경험은 지고의 경험, 다시 말해 그 자체에 권위가 있는 경험으로 정의된다. 그런데 드러내지 않기는 그러한 극한 경험과 전혀 비슷한 데가 없다. 드러내지 않기는 존재와 사물 속에서, 존재와 사물 곁에서 이루어지는 경험이다. 이 경험은 모든 지배권을 내려놓고 익명적 삶의 무한한 법적 가능성들에 자신을 열어놓을 것을 요구한다. 이런 의미에서 우리는 췌언이 될 여지가 있기는 하나 드러내지 않기를 오히려 "외적 경험"이라고 부를 수 있겠다. 드러내지 않는다는 것은 모든 내면성을 포기함으로써―그 내면성이 비록 몰인격적이고 알려지지 않은 것일지라도―죽음도 부정도 이해하지 못하는 세계의 신체에 자신을 여는 것이다. 여기서는 모든 것이 외재하고 바깥으로 향해 있다. 이 순수한 객관주의 속에서 바타유 말마따나 이제 대상은 완전히 '자기이미지'만은 아니다. 그렇기 때문에 이 경험이 여전히 여행이라면 그것은 들뢰즈가 말하는 '정주하는 여행', 세계를 주체의 그늘, 고유하거나 진정한 모든 경험에서 해방시키는 여행이다. 따라서 블랑쇼의 몰인격적인 중립성에 더 가깝다. 내적 경험 개념이 블랑쇼의 독자적인 사유에 어느 정도 영향을 끼치기도 했지만 말이다.

바타유는 진정성의 한계를 실험해보고 싶었을 것이다. 우리는 어느 선까지 진실할 수 있는가? 어느 선까지 오로지 자기 자신으로서만 존재할 수 있는가? 하지만 드러내지 않기는 진짜와 진짜가 아닌 것, 적합한 것과 적합지 않은 것, 자연과 인공의 구분을 근본적으로 초월하라고 우리에게 명할 것이다. 자기가 사라짐으로써 빈 곳에는 어떤 것이 나타나든 좋다. 귀한 것과 싸구려, 중요한 것과 하찮은 것, 참과 거짓 그 무엇이든.

빠져나옴으로써 얻는 행복

대략 추론해보자면 오늘날에는 행복의 지배적인 모델은 두 가지가 있다고 말할 수 있다. 일단 자본주의 체계에서 가장 다수를 차지하는 누적적 모델이 있다. 이 모델은 행복을 소유, 드러냄에 둔다. 사실 드러냄 그 자체도 소유의 한 형태로 전락해버렸다고 할 수 있지만 말이다 (일종의 사회적 자본에 대한 소유). 행복은 소유다. 돈, 근사한 자동차, 여자들, 남자들, 영예, 권력을 갖는 것이다. 한편 철학적 모델은 행복을 존재에 둔다. 다행스럽게도 이 모델은 직업적인 철학자들의 전유물이 아니다. 거짓 재화를 아무리 쌓아 봤자 소용없으며 현명하게, 조심스럽게, 절제하면서… 기타 등등의 방식으로 존재하는 법을 배우면 그걸로 족하다.

드러내지 않기의 경험은 이 두 모델 사이에서의 양자택일을 폐기한다. 드러내지 않기의 경험은 분명히 개인적 축적과 정반대된다. 외적인 재화와 내적인 재화를 부정하지는 않지만 그런 것들 옆에서 평온하게 지냄으로써 초탈하기 때문이다. 다른 한편으로 이 경험은 자기 존재에 대한 초탈까지 나아간다. 외부의 사물들을 나타내기 위해서 자기를 간과하고 스스로 사라지는 경험. 하지만 그러한 경험에 행복의 여지가 없다고 말할 수는 없다. 아니, 오히려 그 반대다. 우리는 곧잘 모든 것에서 벗어나 더 이상 잃을 것도, 얻을 것도, 증명할 것도, 보여줄 것도 없다고 느낄 때에 행복을 맛본다. 따라서 우리는 세 번째 유형의 행복을 생각해보아야 한다. 외적 재화에 대한 소유와 만족에 근거하지 않고, 자기에 대한 소유와 만족, 지혜롭게 되거나 자기 본연의 존재가 되는 것에도 근거를 두지 않으며 자기와 사물들로부터 동시에 벗어나는 것을 바탕으로 삼는 행복을.

우리는 그 같은 행복을 '빠져나옴으로써 얻는 행복'이라고 부를 수 있다. 자기이미지와 개인적 야욕의 허망한 놀음에서 빠져나오기. 내가 소유한 것들과 소유하지 않은 것들에서 빠져나오기. 상실의 두려움과 이제 잃을 것이 없다는 두려움에서—결핍도 없고 구멍도 없고 움직임도 없이 죽는다는 두려움에서—빠져나오기. 사실 그 같은 행복은 자연스럽게 두려움을 불러일으키기 때문에 하는 말이다. 그 행복은 놓아버림의 환상 혹은 허무주의의 거대한 체념과 매우 흡사하다. 그러나 빠져나옴이 잠시 잠깐이라는 것을 깨닫는 순간부터 얼마든지 두려움을 돌파할 수 있을 뿐 아니라 그 일은 어렵지도 않다. 그러한 순간을 경험하는 것도 행복하고, 그 순간이 그만 물러가는 것도 행복하다. 그로써 우리는 다시금 삶으로, 참여와 실망, 희망과 환멸의 영원한 쳇바퀴 속으로 다시 들어가게 되는 것이다. 드러내지 않기에 내재하는 불연속적 성격을 다시 한 번 깨닫는 순간부터 우리는 그렇게 할 수 있다. 우리를 행복하게 하는 것은 자유가 아니라 영구적인 해방과 초탈, 소외의 극복이다. 그런데 초탈하기 위해서, 벗어나기 위해서는 먼저 뭔가에 매여 있든가 잡혀 있어야 한다. 초탈하려면 먼저 끝없이 매이기를 받아들여야 한다. 드러내지 않기는 주기적인 방식으로만 행복을 줄 수 있다. 미결 상태, 정지와 재개의 지점, 생산적인 공백, 새로운 확장을 기다리는 수축, 새로운 쟁취를 기다리는 이탈로서.

물론 이러한 시각에서라면 영원하고 결정적이며 확고

한 행복은 없다. 그리고 행복을 삶의 궁극 목적으로 생각하는 것도 이제는 불가능하다. 행복은 고된 노력들 틈에서 잠시 느끼는 기대에 불과하다. 그러한 행복은 삶 속에 있지 삶의 끝에 있지 않다. 하지만 그게 나쁜가? 장담하건대 몸과 마음을 다 바쳐 '행복의 추구'에 전념하는 사회들은 어차피 행복에 도달하지 못할 뿐 아니라 속까지 병으로 곪은 사회들이다. 오히려 행복보다 높이 있지만 한정되어 있는 목표들, 가령 자유, 아름다움, 정의, 진실, 창조, 위대함 등에 전념하는 편이 건강하다. 그런데 그렇게 건강한 사회 안에서도 우리에게 유일하게 허락되는 행복의 순간들은 드러나지 않게 처신할 줄 알고, 남들이나 자기 자신을 내버려둘 줄 알고, 인생의 일요일에 맘 편히 초원에 드러누우러 떠날 줄 아는 순간들이다.

이러한 관점에서 이 '빠져나옴의 행복'에 붙일 수 있는 또 다른 이름은 '유연성disponibilité'이다. 드러내지 않는다는 것은 심오한 내면생활을 위해서 세계와 타자를 버리는 것이 아니라 오히려 나를 둘러싸고 일어날 수 있는 모든 일, 좋고 나쁜 일에 유연하게 대처하는 것이다. 유연성이란 끊임없이 자기를 포기하기 위해서 있는 것이지만 그 포기는 어디까지나 일시적이다. 유연하지 못한 사람은 항상 안 된다고 말한다. 끝없는 상위의 과업이 마음을 차지하고 있기 때문에 그는 결코 행복을 알지 못하며 결국 오랜 세월이 흐른 후 자신은 어리석게 살았노라 인정해야만 할 것이다.

드러내지 않기의 사랑

마지막으로 토마스주의적인 질문을 제기해야겠다. 성 토마스가 "모데스티아의 질료는 무엇인가?"라고 물었던 것처럼 "드러내지 않기-사라짐의 질료는 무엇인가?"라는 물음을 던져야 할 것이다. 모든 것으로부터, 자기 안과 자기 밖에서 물러날 때에 무엇이 남을 수 있단 말인가? 그러한 경험은 무엇으로, 어떤 질료로 떠받쳐질 수 있는가? 아마도 자기와 타자가 식별 가능한 인물상으로 분해되고 그 인물상들을 이어주는 끈이 헐거워질 때에도 남는 것, 다시 말해 사랑으로 떠받쳐지지 않을까. 사랑, 타자 혹은 세계를 향한 이 약동은 엄밀한 소유도 아니고 (그런 건 사랑이 아니라 타자를 복종시키고 붙잡아놓고 종속시키는 셈이다) 순수한 너그러움도 아니다(그런 건 사랑이 아니라 희생이다). 사랑은 아마도 드러내지 않기의 유일한 '질료'일 것이다. 우리는 사랑하기 때문에, 사랑하기 위해서, 우리의 사랑에 적절한 모습을 부여하기 위해서 드러나지 않게 처신한다. 게다가 격이 떨어지거나 무력한 사랑, 온전히 실현되기에는 너무 약해빠진 사랑이기 때문에 그러는 거라고 생각해서는 안 된다. 사랑의 유일한 방식은 들뢰즈가 말한 대로 타자를 "그의 미지의 공간과 더불어" 사랑하는 것, 다시 말해 침범이나 집착 없이, 드러나지 않게 사랑하는 것이 아닐까? 자식을 사랑하는 유일한 방식은 자식에게 집착하지 않고 그 아이가 장차 부모를 떠나서, 혈연에 얽매이지 않고 자기 인생을 잘살 수 있도록 기르는 것 아닐까? 부모 입장에서 자식들 사는 모습은 늘 궁금하겠지만 그런 물음을 조금씩 줄여나가고 부모의 개입도 조금씩 줄여나가면서 그저 자식의 자유에 맡겨야 하지 않을까? 마찬가지 맥락에서, 친구들을 진정으로 사랑하는 방식은 그들이 나의 현존이나 나의 편의에 맞춰주기를 바라지 않고 카프카가 『심판』에서 여자들의 매력을 두고 말하듯 '다가오면 취하고 떠나가도 말리지 않는' 것밖에 없지 않을까? 좀 더 일반적으로는 세계와 자연을 사랑하는 유일한 방식 또한 자기를 나타내지 않고 내재적인 세계와 자연 그 자체로서, 자기 아닌 모든 것에 종속되지 않는 세계와 자연으로서 사랑하는 것 아닐까?

물론 사랑이 개입할 여지가 전혀 없어 보이는 드러내지 않기의 상황들은 많고도 많다. 드러나지 않게 추진해야 하는 작전이나 미행, 도둑질, 비밀스러운 만남 등은 사랑과 전혀 무관한 일 아닌가? 그렇다. 하지만 그런 경험들은 우리가 드러내지 않기의 경험으로 명명하고 기술한 모든 것과 아무 상관도 없다. 그런 경험들은 충실한 개들의 미시정치에 해당하는, 자유재량권을 지닌 국가의 어마어마하고 무시무시한 수법일 뿐 사라짐의 욕망, 자기 밖을 내버려둠과는 거리가 멀다. 오히려 있어서는 안 될 바로 그곳(남부끄러워 숨겨놓은 정부의 침대, 혹은 아내의 애인이 누워 있는 침대)에 있고자 하는 욕망이랄까. 사실 드러내지 않는 만남이니 드러내지 않는 미행 운운하면서 진짜 드러내지 않기는 생각지는 않는다. 눈에 띄고, 정체가 들통나고, 노출될지 모른다는 두려움만을 생각한다. 그런 것은 오히려 나타남에 대한 생각이다. 반대로 진정한 드러내지 않기에서 중요한 것은 나를 보이지 않게 하면서 남을 보는 것이 아니다. 때로는 볼 수 있는데도 보지 않고, 때로는 보기는 보되 타자의 자유를 조금이라도 침해하거나 위에서 내려다보거나 앗아가는 일이 없게끔 바라보는 것이다. 그런데 대개 바로 그런 것을 사랑이라고 부르지 않는가? 그 자리에 있어주되 자기를 내세우지 않고, 자신을 내주되 드러내지 않으며, 알아차려주되 지배하지 않는 것을?

거의 마찬가지 맥락에서 혹자는 그런 사랑은 존재하지 않는다고, 사랑은 떠들썩하고 공공연한 애정 고백과 가시적인 몸짓에만 있다고, 사랑은 공개적인 '언어 작용', 비트겐슈타인 철학을 이해하지 못한 채 따르는 '생활 모습'일 뿐이라고 반박할 수도 있을 것이다. 실제로 비트겐슈타인이 주창한 논리실증주의는 모든 내면성의 신화를 축출하는 듯 보인다. 요컨대, 논리실증주의는 정동情動, 더 넓게는 심리적 표상이 논리적 발화나 일상 언어에서 실제 사용되는 지칭 형식을 떠나서 존재할 수도 있다는 생각을 거부하는 듯하다. 이런 의미에서 사랑은 수행발화énoncé performatif일 수밖에 없으니 드러나지 않으면, 표현되지 않으면, 침묵에 부쳐지면 모든 의미를 잃게 될 것이다. 하지만 사실 비트겐슈타인 철학에서 삶의 유일한 본질적 가치, 특히 사랑은—신에 대한 사랑이든, 소년들에 대한 사랑이든—말할 수 있는 것보다는 말할 수 없는 것에 있다. 그렇기 때문에 말할 수 없는 것에는 침묵해야 하는 것이다.[36]

사랑은 무엇보다 약혼, 결혼, 공개적인 예식 아닌가? 하지만 모두가 알다시피 약혼, 결혼, 세례는 모든 공개적 표명이 그러하듯 우리가 결합의 체계에서 벗어나는 순간부터 오로지 한 가지 의미밖에 지니지 않았다. 이미 죽어가는 사랑을 구제하기 위해 가족공동체나 우정의 공동체에 보내는 구조신호라는 의미 말이다. 게다가 그 결합 체계는 이미 사랑과 아무 관계가 없다. 구조신호 자체는 비난할 이유도 멸시할 이유도 없다. 오히려 어떤 의미에서는 더 높은 단계의 드러내지 않기에 대한 요청이다. 끈끈한 사랑을 권태로 누그러뜨리거나 개인적 원한을 살가운 군중의 이름 없는 사랑으로 누그러뜨리는 것, 그게 바로 우리가 말하는 드러내지 않기이다. 게다가 바로 그런 이유에서 그 구조신호들이 때때로 그렇게나 효과적인지도 모르겠다. 그 신호들은 드러내지 않기의 첫째 가는 진실에 속한다. 그 진실은 유유상종보다는 군중의 힘과 아름다움 쪽에 있다. 어쨌든 그런 반박은 거꾸로 자기에게 돌아올 뿐이다. 사랑의 가장 공개적인 모습에서조차 순전히 기만에 불과하든가 아무 쓸모가 없는 사랑을 구하는 것은 드러내지 않기뿐이다.

따라서 사랑이 드러내지 않기의 '질료'라면 그 이유는 드러내지 않기가 자유롭고 의연한 사랑의 유일한 '형상'이기 때문일 것이다. 드러내지 않기 없이는 사랑도 없다. 진실한 사랑은 드러내지 않는 사랑일 뿐이다.

소중한 야경꾼

우리가 예술과 문학을 두루 살피면서 드러내지 않기의 경험에 대한 그들의 가장 섬세하고 독특한 이해에 경의와 감사를 표하긴 했지만 어쨌든 이 책이 철학책이니만큼 형이상학적 우화로 마무리를 하고 싶다.

사실 우리는 처음에 드러내지 않기가 존재와 그 존재에 대한 공적인 지각을 완전히 동일시하는 세계에 저항하는 하나의 방식이라고 말했다. 그 세계를 지탱하는 것은 아마 "존재하는 것은 지각되는 것이다"라는 공리뿐일 것이다. 하지만 이 말은 현대성과 전혀 무관한 철학자에게서 나왔다. 그는 즐거움을 불안한 방식으로 선사하는 미디어의 서커스 놀음에 개의치 않았고 되레 "우리는 하느님 안에서 살아가고 기동하고 존재하느니라"라는 성 바울로의 문장을 글자 그대로 취하고 이해하려 했다.[37] 버클리에게 '존재하는 것은 지각되는 것esse est percipi'이라는 생각은 일단 17세기 유물론에 맞서서 그리스도교를 옹호하려는 뚜렷한 목적을 띠는 사유였다. 존재하는 모든 것은 하느님 안에 있을 뿐이라고 일깨우고 엄밀한 '유심론적' 주장을 내세우기 위해서 말이다. 물질은 존재하지 않는다. 신과 그 안에서 살아가는 피조물, 영靈들만이 존재한다. 따라서 이 딱한 클로인 주교로 인해 역사의 아이러니는 더욱 씁쓸하게 다가온다.* 그리스도교를 옹호하는 유심론적인 슬로건이 어느덧 유물론과 무신론이 팽배한 우리 시대의 슬로건 자체가 되어버렸으니 말이다.

---

* 철학자 조지 버클리는 아일랜드 클로인 교구의 주교를 지냈다.

하지만 조금 더 나아가봐야겠다. 사실 버클리의 실제 표현은 조금 다르다. 『인간 지식의 원리론』에는 "존재하는 것은 지각되는 것 혹은 지각하는 것이다Esse est percipe aut percipere"라고 나와 있다. 달리 말하자면 존재는 사실 지각되는 존재보다는 지각하는 존재 쪽에 있다는 얘기다. 지각하는 사람이 없으면 당연히 존재는 지각되지 않을 테니까. 그런데 버클리의 테제를 이런 식으로 제시하면 전혀 다른 해석으로 정당화된다. 아니, 존재가 기본적으로 지각하는 사람에게 있다는 게 무슨 뜻인가? 버클리 입장에서는 일단 우리의 모든 행위를 지각하는 신이 존재해야 한다는 뜻이다. 신이 없으면 우리의 행위는 그냥 존재하지 않는 게 된다. 그래서 세계가 존재하려면 신이 있어야 한다. 모든 것을 조용히 지각하는 존재 말이다. 그리고 이 유심론이 좀 더 광범위한 의미로는―자신이 싸우고자 하는 유물론과 흡사하게도―지각하는 정신이 있기만 해도 그 지각의 대상은 존재하고, 아무도 더는 그 무엇도 지각하고 싶어 하지 않으면 세계 그 자체가 존재하지 않을 거라는 뜻이다. 바로 이 지점에서 버클리의 사유는 드러내지 않기에 대한 우리의 생각과 인상적으로

조우한다. 세계가 그냥 존재하기 위해서라도, 지각하되 지각되지는 않는 영혼들이 있어야만 한다(버클리가 말하는 지각은 단순한 수동적 감각이 아니다). 그들이 없으면 아무것도 있을 수 없고 아무것도 '바깥에 존재하는être-au-dehors' 것으로 지탱될 수 없다. 그런데 그러한 영혼(혹은 정신)이야말로 우리가 말하는 '드러내지 않는 영혼'이다. 그들은 지각되지 않지만 그들 없이는 세상도 없기 때문이다. 오늘날 흔히 접할 수 있는 사소한 예를 들자면, 행운의 룰렛이나 상금이 걸린 퀴즈쇼, 리얼리티 쇼가 파렴치하다고 볼 유일한 근거가 여기 있지 않을까. 어리석고 통속적이고 지적으로나 심미적으로 아무 짝에도 쓸모없다는 점은 전혀 중요치 않다. 그러나 시청자들에게 그들의 존재가 대중 아니면 주인공으로만 환원된다고 믿게 한다는 것, 그건 추하다.

어쨌든 이런 의미에서 드러내지 않는 영혼들은 세계의 기초라고 말할 수 있으며 나아가 우리는 열의를 갖고 그렇게 주장해야 할 것이다. 그들이 없으면 텅 빈 거울들이나 있을까, 더는 아무것도 존재하지 않는다. 그들이 없으면 형상 없는 질료나 있을까, 아무것도 제대로 지탱하지 못한다. 그 영혼들이 완전히 사라지는 날, 그들이 즐기는 방식대로 잠시 모습을 감추는 게 아니라 추악한 전방위적 감시 체제에 짓눌려 결정적으로 사라지는 날, 조용히 물러나 바라보는 눈, 개인의 입장을 떠나 경청하는 귀는 이제 없고 빵빵한 조명과 음향 설비밖에 남지 않은 그날에, 세상에는 아무도 없고 세상 자체도 없을 거라고 장담해 마지않는다.

드러내지 않기 혹은 사라짐의 기술에 대한 이 책에는 글 쓰는 사람들 사이에서는 비극적이랄 만큼 흔하지만 여전히 불가사의한 사연이 있다. 어쨌든 그 사연을 소개할 가치는 있지 않을까 싶다. 저자는 첫 번째 원고를 재빨리 써냈지만 단 한 가지 문제는 원고 상태가 형편없었다는 거다. 그래서 저자는 편집자들과 거의 모든 사람들의 눈에서 사라진 바 되었고, 부끄러움에 시달린 나머지 더는 글을 쓸 수가 없었다. 그래도 우정 어린 압박에 못 이겨 그는 겨우 다시 원고를 붙잡았고 결국은 훨씬 더 나아 보이는 두 번째 원고로 첫 번째 원고를 사라지게 할 수 있었다. 안타깝게도 그가 마지막 수정본을 작성하던 때에 (마이스터 에크하르트가 인간은 "자기 자신과 만물을 초탈해야만 한다"고 말하는 대목을 고치던 바로 그때다) 그의 (산 지 얼마 되지도 않은) 컴퓨터가 다운됐다. 며칠간 컴퓨터 전문가 몇 명이 와서 봐주었지만 그들의 호의에도 불구하고 손을 쓸 길은 없었다. 하드디스크가 날아가서 복구가 불가능하다는 것이었다. 그런데 저자가 드러내지 않기와 조심성은 무관하다고 주장하는 책을 쓰고 있었던 탓인지, 그는 가장 처음 부분과 마지막 부분을 제외하면 백업을 전혀 해놓지 않았던 것. 나머지 부분은 영원히 사라졌다. 아니, 꼭 영원히 사라졌다고 할 순 없겠다. 저자가 지금 독자들이 읽고 있는 세 번째 원고를 완성하긴 했으니. 편집자 마리 피에르 라조와 출판사 대표 알렉상드르 라크루아의 지칠 줄 모르는 격려와 곡예에 가까운 지원 덕분이요 깔깔 웃고 싶은 마음을 깜짝 놀라며 안타까워하는 표정으로 잘 위장해준 친구들의 배려 덕분이다. 무엇보다 로랑스 뒤셴과 필리프 망조의 기적적인 도움 덕분이라고 해야겠다. 모든 이에게 드러내놓고 떠들썩하게 감사를 표하고 싶다. 특히 가장 마지막에 언급된 두 사람은 여러 면에서 이 책의 진정한 저자들이라고 해도 과언이 아니다.

1　프레데리크 일드퐁스Frédérique Ildefonse는 최근의 저작 『신들이 있다*Il y a des dieux*』(Puf, 2012)에서 과거(고대 그리스)와 오늘날(살바도르 데 바히아 혹은 기니)의 다신론 의식들에서 "자신의 전능성을 위탁"하는 경험, 그리고 의미의 문제를 유예함으로써 얻는 위안의 경험을 보았다. 우리는 고대인들이 드러내지 않기의 가장 고차원적인 형식들을 알고 있었다고 확신할 수 없다. 그렇지만 그러한 전능성의 위탁이, 유한성과 허무주의의 한가운데서 어떤 힘과 의미를 보전할 수 있다는 희망을 놓지 못하는 실존주의적 자세보다 종교 및 정치 현상에 더 가깝다는 점은 우리에게 매우 중요하게 보인다. 이 문제에 대해서는 뒤에서 다시 다루겠다.

2　C. Baudelaire, *Le Peintre de la vie moderne*, in *Œuvres complètes*, t. II, Paris, Gallimard,《La Pléiade》, 1976. 특히 3장과 4장을 보라.

3　이것이 『에티카』의 마지막 문장이다(제5부, 정리 42, 주해). 자세히 소개하자면 스피노자는 이렇게 질문을 던진다. "만약 구원이 손닿는 곳에 있고 누구나 크게 고생하지 않고 발견할 수 있다면 어떻게 거의 모든 이가 구원을 등한시할 수 있겠는가? 하지만 모든 귀한 것은 드물고도 어렵다."

4　M. Proust, *A la recherche du temps perdu*, *A l'ombre des jeunes filles en fleurs*, 《Noms de pays: le pays》, Paris, Gallimard,《La Pléiade》, 1954, p. 922와 그 이하.

5　J. Rancière, *Le Partage du sensible*, Paris, La Fabrique, 1996.

6　F. Nietzsche, 《De la verité et du mensonge au sens extra-moral》, in *Le Livre du philosophe*, trad. A. Kremer-Marietti, Paris, Flammarion, 1991.

7 M. Foucault, *Histoire de la sexualité*, t. 1: *La Volonté de savoir*, Paris, Gallimard, 1976.

8 다음을 모두 참조하라. C. Lévi-Strauss, *Mythologiques* t. III : *L'Origine des manières de table*, notamment la 3ᵉ partie, 《Le voyage en pirogue de la lune et du soleil》et la 7ᵉ partie, 《Les règles du savoir-vivre》, Paris, Plon, 1968.

9 C. Lévi-Strauss, *Mythologiques* t. IV: *L'Homme nu*, Paris, Plon, 1971, p.602.

10 Platon, *Euthyphron*, 12b–c, trad, L. Robin, Paris, Gallimard, 《La Pléiade》.

11 다음에서 아리스토텔레스가 아이도스에 대해서 설명하는 짧은 장을 참조하라. Aristote, *Éthique à Nicomaque*, IV, 15.(아리스토텔레스, 『니코마코스 윤리학』, 이창우 외 옮김, 이제이북스, 4권 15, p. 157).

12 M. Foucault, *Le Courage de la vérité*, Paris, Gallimard, 2009.

13 노르베르트 엘리아스의 다음 책을 모두 참조하라. Norbert Elias, *Die höfische Gesellschaft*, Neuwied/Berlin, Luchterhand, 1969(『궁정사회』, 박여성 옮김, 한길사); *Über den Prozeß der Zivilisation*, Basel, Verlag Haus zum Falken, 1939 (『문명화 과정』, 박미애 옮김, 한길사).

14 F. Kafka, 《Méditations sur le péché, la souffrance, l'espoir et le vrai chemin》, §106, in *Préparatifs de noce à la campagne*, trad. M. Robert, Paris, Gallimard, 1957.

15 C. Baudelaire, *Mon cœur mis à nu* et 《Les Foules》, in *Le Spleen de Paris*, Paris, Gallimard, 《La Pléiad》, 1975.

16 이러한 서양 문화의 변명이 특히 오늘날에는 온당치 못하다 하겠다. 저자는 드러내지 않기라는 경험의 기원을 일신론적 사유에서 찾을 수 있다고 주장하면서 이슬람교의 위대한 사상가들, 가령 이븐 시나, 아베로에스, 그리고 아

마 신비주의자 루미도 살펴보았어야만 했다. 부디 저자의 태만과 무지를 너그러워 양해해주기를 바란다.

17 Thomas Aquinas, *Summa Theologica*, 1265~1273(토마스 아퀴나스, 『신학대전』, 정의채 옮김, 바오로딸) Q. 160-170을 보라.

18 신덕神德은 신을 목적이자 원인으로 삼는 미덕이다. 이러한 덕은 신을 향한 삶이자 신에 의한(신의 은총에 의한) 삶이다. 그리스도교 전통은 대부분 성 바울로 이후로 믿음(신덕), 사랑(애덕), 소망(망덕)이라는 세 가지 신덕을 구분한다. 다시 말해 계시에 대한 믿음, 하느님과 이웃에 대한 사랑, 지복의 소망이 이에 해당한다. 겸손이 여기에 속하지 못하는 이유는 우선 신의 본성이 아니라 피조물의 본성에 대한 고려를 목적으로 삼기 때문이다. 겸손은 충만함에 대한 소망보다는 근원적인 상실 혹은 결핍에서 비롯되는 까닭이다.

19 이삭 루리아Isaac Louria(혹은 Luria)는 16세기 팔레스타인에서 나고 자란 인물(1534-1572)로 생애에 대해서는 그리 많은 것이 알려져 있지 않다. 루리아 사상의 핵심은 그의 제자들, 특히 하임 비탈Hayyim Vital을 통해서 우리에게 전해진다. 그러나 루리아가 에스파냐의 유대인 엑소더스 이후에 유대교 카발라 사상의 쇄신에 크게 공헌하였음은 분명하다. G. Scholem, *Les Grands courants de la mystique juive*, chap. 7, 《Isaac Louria et son école》, Paris, Payot, 1994을 참조하라. 침춤 문제를 다루는 가장 정확하고 올바른 텍스트는 아닐 수도 있겠으나 우리가 이 문제를 고찰하기에는 이 정도로 충분하다.

20 Hayyim Vital, *Sefer Ets Hayyim*, I, porte 1, branche 1, *Deroush igoulim veyosher*, cité par D. Hansel, in 《L'origine chez Rabbi Yehouda Halevy Ashlag : tsimtsoum de Dieu ou tsimtsoum du Monde?》, conférence donnée lors du colloque 《L'origine primordiale》, 29 juin-3 juillet 1998, Paris.

21 다음을 모두 참조하라. Maître Eckhart, *Du détachement et autres textes*, traduit, annoté et présenté par G. Jarczyk et P.-J. Labarrière, Rivages, 1995; *Traités et Sermons*, traduit, annoté et présenté par A. de Libera, en particulier

《Entretiens spirituels》, Sermons 2, 52, et 《Comment l'âme suit sa propre voie et se trouve elle-même》, Paris, Flammarion, 1995.

22 M. Proust, *Le Temps retrouvé*, in *À la Recherche du temps perdu*, p. 1038, Paris, Gallimard, 《La Pléiade》, 1954.

23 V. Woolf, *Mrs. Dalloway*, 1925(버지니아 울프, 『댈러웨이 부인』, 최애리 옮김, 열린책들).

24 M. Foucault, 《Un système fini face à une demande infinie》, entretien avec Robert Bono, in *Dits et Écrits* IV, Paris, Gallimard, 1994, p. 382-383.

25 M. Heidegger, 《Sérénité》 (Gelassenheit) et 《Pour servir de commentaire à Sérénité》, in *Questions III et IV*, trad. A. Préau, Paris, Gallimard, 1966.

26 다음을 모두 참조하라. Baudelaire, *Le Peintre de la vie moderne*, op. cit., 특히 1-5장 ; W. Benjamin, in *Charles Baudelaire, un poète lyrique à l'apogée du capitalisme*, trad. J. Lacoste, Paris, Payot, 1979 ; 벤야민 작품에 대한 명쾌한 분석으로는 J.-O. Bégot, in *Walter Benjamin*, chap. 6, Paris, Belin, 2012을 추천한다.

27 E. A. Poe, 《L'homme des foules》, *Nouvelles Histoires extraordinaires*, trad. C. Baudelaire, in *Œuvres complètes*, Paris, Gibert Jeune, 1953.

28 모스크바 재판 당시 바를람 샬라모프가 반대파 심문을 맡았던 전직 소련 내무인민위원회(NKVD) 장교와 만났던 끔찍하고도 감동적인 사연을 보라. V. Chalamov, 《Le bouquiniste》, *Récits de la Kolyma*, trad. S. Benech, C. Fournier et L. Jurgenson, Lagrasse, Verdier, 2003.

29 H. Arendt, *Elemente und Ursprünge totaler Herrschaft*, 1955(한나 아렌트, 『전체주의의 기원』, 이진우, 박미애 옮김, 한길사. 특히 제3부 전체주의 부분을 참조하라).

30 Guy Debord, *La Société du spectacle*, 1967(기 드보르, 『스펙타클의 사회』, 유재홍 옮김, 울력); *Commentaires sur la société du spectacle*, 1988(기 드보르, 『스펙타클의 사회에 대한 논평』, 유재홍 옮김, 울력), in *Œuvres*, Paris, Gallimard, Quarto, 2006.

31 우리는 드러내지 않기의 기술을 절대 하나로 보지 않는다. 드러내지 않기의 또 다른 기술에 대한 또 다른 이야기로 추천하는 훌륭한 책이 있다. M. Senellart, *Les Arts de gouverner. Du regimen médiéval au concept de gouvernement*, Paris, Seuil, 1995.

32 블랑쇼의 전작全作을 참조하라. 전작을 읽기 어렵다면 적어도 다음 두 저작은 꼭 보아야 한다. Maurice Blanchot, *La Part du feu*, Paris, Gallimard, 1949(특히 카프카에 대해서 말하는 부분); *Le Livre à venir*, Paris, Gallimard, 1959, IV, 1.(모리스 블랑쇼, 『도래할 책』, 심세광 옮김, 그린비, 4장, 1.)

33 G. W. F. Hegel, *Principes de la philosophie du droit*, préface, trad R. Derathé, Paris, Vrin, p. 58-59(헤겔, 『법철학』, 임석진 옮김, 한길사, 서문 부분); G. Deleuze et F. Guattari, *Mille plateaux*, plateau 8, Paris, Minuit, 1980, p. 241-242(질 들뢰즈, 펠릭스 가타리, 『천의 고원』, 김재인 옮김, 새물결, 8장).

34 들뢰즈의 헤겔 혐오는 실질적인 면보다 전략적인 면이 더 컸을지도 모르겠다. 어쨌든 그러한 입장을 제대로 이해하려면 헤겔주의에서 벗어나려는 여러 가지 시도들이 지배하던 1960-1970년대 프랑스 신新철학을 살펴보아야 한다. 푸코, 데리다, 리오타르… 모두가 자기 방식대로 1950년대를 풍미했던 헤겔 철학과 알렉상드르 코제브의 헤겔 강독을 탈피하고자 노력했다. 또한 들뢰즈 사상의 기본 특성들(특이성, 차이, 순수한 긍정, 과거보다는 미래의 철학)을 살펴보는 것도 중요하다. 여기서는 그런 부분까지 다룰 수가 없다. 그러나 개괄적 이해를 원한다면 『니체와 철학』의 결론 부분만 읽어보아도 충분하다. 여기서 독자는 대단히 악의적이지만 활력을 불러일으키는 방식으로 헤겔 변증법이 요약되어 있는 것을 볼 수 있다.

35 G. Bataille, *L'Expérience intérieure*, Paris, Gallimard, 1954.

36 특히 논리실증주의는 비트겐슈타인의 『논리철학논고』의 마지막 문장 "말할 수 없는 것에 대해서는 침묵해야 한다"를 정반대로 독해했다. 그들은 이 문장을 오직 실증적 지식만이 중요하다는 확증으로 보았지만 현대 철학의 위대한 신비주의자이자 신중한 인물이었던 비트겐슈타인은 전혀 다른 얘기를 하는 듯 보인다. "윤리, 미학, 신, 사랑에 대해서는 말하지 말라. 그런 것이 의미가 없어서가 아니라 오히려 너무 귀중하기 때문에 의미의 일반 차원에서 이해될 수 없는 까닭이다." 요컨대 그는 참과 거짓의 차원에 속하는 지시 대상, 의미 작용이 없는 담론들이 쓸모없다고 본 것이 아니라 의미 작용의 무력함을 비판한 것이다.

37 『사도행전』 17장 28절. 버클리의 유심론에 대해서는 다음을 참조하라. George Berkeley, *A Treatise Concerning the Principles of Human Knowledge*, 1710(조지 버클리, 『인간 지식의 원리론』(문성화 옮김, 계명대학교 출판부)를 참조하라.

옮긴이 | 이세진

서강대학교 철학과를 졸업하고 같은 학교 대학원에서 불문학 석사 학위를 받았다. 현재 전문번역가로 활동하고 있다. 『도덕적 인간은 왜 나쁜 사회를 만드는가』, 『나르시시즘의 심리학』, 『리오타르, 왜 철학을 하는가?』, 『음악의 시학』, 『수학자의 낙원』, 『니체와 음악』, 『발작』, 『설국열차』, 『회색 영혼』, 『슈테판 츠바이크의 마지막 나날』 등을 우리말로 옮겼다.

드러내지 않기 혹은 사라짐의 기술

초판 1쇄	2017년 3월 10일
초판 2쇄	2018년 3월 20일

지은이	피에르 자위
옮긴이	이세진
펴낸이	이재현, 조소정
펴낸곳	위고
출판등록	2012년 10월 29일 제406-2012-000115호
주소	10882 경기도 파주시 꽃아마길 157번길 203-36
전화	031-946-9276
팩스	031-946-9277
제작	세걸음

hugo@hugobooks.co.kr
hugobooks.co.kr

ISBN 979-11-86602-21-8 03100

이 도서의 국립중앙도서관 출판예정도서목록(CIP)은 서지정보유통지원시스템 홈페이지(http://seoji.nl.go.kr)와 국가자료공동목록시스템(http://www.nl.go.kr/kolisnet)에서 이용하실 수 있습니다.(CIP제어번호: CIP2017004997)